# Curso

*La diferencia entre aprobar*
*y sacar plaza*

# Auxiliar Administrativo/a

## UNIVERSIDAD DE SALAMANCA

Si aún no dispones de tu **Curso MAD360**, te ofrecemos un acceso GRATIS de 30 días para que disfrutes de los siguientes recursos:

- Técnicas de Memoria 360.
- MADTEST: Test *online* Nivel PRO.
- Temario en formato digital.
- Vídeos.
- Planificación de estudio.
- Foro entre opositores hasta la fecha del examen.*
- Recursos y novedades exclusivas.
- Consúltanos sobre tu oposición y proceso selectivo.
- Actualizaciones legislativas (Boletines Oficiales) hasta 60 días antes de la fecha del examen.*

Para acceder a esta prueba del Curso MAD360** será necesaria la compra de todos los libros para esta especialidad de la edición 2025.

Regístrate en **mad.es/iniciar-sesion** y en la pestaña MIS CURSOS valida los códigos que encuentras en la última página de tus libros.

AF212448

---

**NOTA IMPORTANTE:**

* Examen de esta categoría profesional correspondiente a la convocatoria publicada en el BOE n.º 163, de 8 de julio de 2025, o hasta el 31 de agosto de 2026, lo que se cumpla antes, y previa renovación del servicio.

** El acceso al CURSO MAD360 estará disponible desde agosto de 2025 (algunos recursos podrían estar disponibles en fecha posterior). Tendrá una duración de 30 días RENOVABLES mediante pago, desde la validación de códigos, o hasta el 28 de febrero de 2027, lo que se cumpla antes.

MAD se reserva el derecho a ampliar dichas fechas.

# Auxiliar Administrativo/a de la Universidad de Salamanca

Septiembre 2025

# Auxiliar Administrativo/a de la Universidad de Salamanca

## Test del temario

# Autores

**FRANCISCO JESÚS TORRES FONSECA**
LICENCIADO EN DERECHO

**JOSÉ LUIS GARRIDO VELA**
LICENCIADO EN DERECHO

**SERGIO JIMENO MOLINS**
INGENIERO SUPERIOR EN TELECOMUNICACIONES
PROFESOR DE EDUCACIÓN SECUNDARIA OBLIGATORIA Y BACHILLERATO

**CARLOS TOJEIRO ALCALÁ**
INGENIERO INFORMÁTICO
TITULADO MCP DE MICROSOFTZ

© 7 Editores Recursos para la Cualificación Profesional y el Empleo, S.L. (7 Editores)
© Los autores
Primera edición, septiembre 2025 (198 páginas)
Derechos de edición reservados a favor de 7 Editores
IMPRESO EN ESPAÑA
Diseño Portada: 7 Editores
Edita: 7 Editores
Avda. San Francisco Javier, 9 · Edificio Sevilla 2 · Planta 11 · Módulos 25-27 · 41018 Sevilla
Teléfono: 954 784 411 · WEB: www.mad.es · e-mail: administracion@7editores.com
ISBN: 978-84-142-9957-9
© "Editorial Mad" y "Eduforma" son nombres comerciales registrados de
7 Editores Recursos para la Cualificación Profesional y el Empleo, S.L.

# Índice

**BLOQUE II: Informática**

# BLOQUE I

# TEST N.º 1

**La Constitución Española de 1978: Estructura, Título Preliminar.
Título I: De los derechos y deberes fundamentales.
Título IV: Del Gobierno y la Administración.
Título VIII: De la Organización territorial del Estado**

**1. Señala la afirmación correcta sobre la estructura del texto constitucional:**

a) La vigente Constitución Española consta de un preámbulo, ciento sesenta y nueve artículos, cuatro disposiciones adicionales, nueve transitorias, una denegatoria y una final.
b) El Título Preliminar contiene la parte orgánica de la Constitución.
c) El articulado de la Constitución se agrupa en once títulos, además del preámbulo y las disposiciones adicionales, transitorias, derogatoria y final.
d) Sólo el Título I tiene varios capítulos.

**2. El artículo 9.3 CE recoge importantes principios jurídicos entre los cuales se encuentran:**

a) El principio de legalidad, la jerarquía normativa, la publicidad de las normas.
b) La indisoluble unidad de la nación.
c) La libertad, la justicia, la igualdad y el pluralismo político.
d) El derecho a la autonomía de nacionalidades y regiones.

**3. El derecho de petición contenido en el artículo 29 CE (señala la afirmación falsa):**

a) Se reconoce a todos los españoles a título individual o colectivo, sin excepciones.
b) Los miembros de las Fuerzas Armadas sólo pueden ejercerlo de forma individual.
c) Comprende todas las peticiones graciables.
d) Solo puede solicitarse por escrito.

**4. ¿Cuáles son los principios que, conforme a la CE, "informarán la legislación positiva, la práctica judicial y la actuación de los poderes públicos", pero sólo podrán ser alegados ante la Jurisdicción ordinaria "de acuerdo con lo que dispongan las leyes que los desarrollen"?**

a) Los contenidos en el capítulo tercero del Título I.
b) Los incluidos en la sección primera del capítulo segundo del Título I (art.15 al 29).

c) Los de b) y además el artículo 14 y el 30.

d) Todos los recogidos en el Título I.

**5. ¿Cuál de los siguientes derechos queda comprendido dentro de la libertad sindical según el artículo 28 de la Constitución Española?**

a) El derecho de un ciudadano a afiliarse a un sindicato.

b) El derecho de un ciudadano a fundar un sindicato.

c) Ambos quedan comprendidos.

d) Ninguno de ellos.

**6. De las proposiciones que se citan, señala aquella que no es fundamento del orden político y de la paz social:**

a) Los derechos inviolables que le son inherentes.

b) El derecho a una confesión religiosa.

c) La dignidad de la persona.

d) El libre desarrollo de la personalidad.

**7. ¿Cómo se interpretarán las normas relativas a los derechos fundamentales y a las libertades que la CE reconoce? Señala la proposición incorrecta:**

a) De conformidad con la Declaración Universal de Derechos Humanos.

b) De conformidad con los tratados internacionales sobre las mismas materias ratificados por España.

c) De conformidad con el Consejo de Estado y las declaraciones del Consejo de Ministros.

d) De conformidad con los acuerdos internacionales sobre las mismas ratificados por España.

**8. Señala la respuesta incorrecta relativa al derecho de petición:**

a) Todos los españoles tendrán el derecho de petición individual y colectiva.

b) Este derecho se efectuará en la forma y con los efectos que determine la ley.

c) Los Cuerpos sometidos a disciplina militar podrán ejercer este derecho tanto individual como colectivamente.

d) Los miembros de las Fuerzas o Institutos armados sometidos a disciplina militar podrán ejercer este derecho con arreglo a lo dispuesto en su legislación específica.

**9. De las siguientes proposiciones señala la correcta:**

a) Las asociaciones se entenderán que quedan constituidas legalmente cuando tras la inscripción en el registro sean aprobados por los Delegados del Gobierno o en su caso por el Consejo de Ministros.

b) Las asociaciones solo podrán ser disueltas o suspendidas en sus actividades en virtud de resolución administrativa.

c) Las asociaciones que persigan fines o utilicen medios tipificados como delito son ilegales.
d) Las proposiciones b) y c) son correctas.

### 10. La última reforma de la Constitución se realizó:

a) El 27 de septiembre de 2011, reformándose el artículo 135 de la misma.
b) El 27 de septiembre de 2010, reformándose el artículo 135 de la misma.
c) El 27 de septiembre de 2009, reformándose el artículo 137 de la misma.
d) El 27 de septiembre de 2008, reformándose el artículo 137 de la misma.

### 11. La Nación española, deseando establecer la justicia, la libertad y la seguridad y promover el bien de cuantos la integran, en uso de su soberanía, proclama su voluntad de:

a) Garantizar la convivencia ciudadana dentro de la Constitución y de las leyes conforme a un orden económico y social justo.
b) Consolidar un Estado Democrático que asegure el imperio de la ley como expresión de la voluntad popular.
c) Proteger a todos los españoles y pueblos de España en el ejercicio de los derechos humanos, sus culturas y tradiciones, lenguas e instituciones.
d) Promover el progreso de la sociedad y de la economía para asegurar a todos, una digna calidad de vida.

### 12. De conformidad con lo establecido en el artículo 9 de la Constitución, corresponde a los poderes públicos (señala la proposición incorrecta):

a) Promover las condiciones para que la libertad y la igualdad del individuo y de los grupos en que se integra sean reales.
b) Promover las condiciones para que la libertad y la igualdad del individuo y de los grupos en que se integra sean efectivas.
c) Garantizar la integridad territorial y el ordenamiento constitucional.
d) Facilitar la participación de todos los ciudadanos en la vida política, económica, cultural y social.

### 13. ¿Quiénes fomentarán las organizaciones de consumidores y usuarios?

a) El Tribunal de Cuentas.
b) Las organizaciones empresariales.
c) Los poderes públicos.
d) Los sindicatos.

### 14. ¿Ante qué órgano se interpone el recurso de amparo?

a) Ante el CGPJ.
b) Ante el Tribunal Supremo.
c) Ante los TSJ en el ámbito de la Comunidad Autónoma respectiva.
d) Ante el Tribunal Constitucional.

**15. Los miembros del Tribunal Constitucional serán designados por un periodo de:**

a) Nueve años y se renovarán por terceras partes cada tres.
b) Cinco años, en todo caso.
c) Seis años y se renovarán por terceras partes cada tres.
d) Cuatro años.

**16. Según el artículo 3 de la CE, el castellano es la lengua oficial del Estado y todos los españoles:**

a) Tienen el deber de usar y el derecho de conocer el castellano.
b) Tienen el derecho y el deber de conocer el castellano.
c) Tienen el deber de conocer y el derecho de usar el castellano.
d) Tienen el derecho de conocer y usar el castellano.

**17. De las siguientes proposiciones, una de ellas no es misión de las Fuerzas Armadas:**

a) Garantizar la seguridad ciudadana.
b) Defender el ordenamiento constitucional.
c) Garantizar la soberanía de España.
d) Garantizar la independencia de España.

**18. En caso de que se declare el estado de excepción, ¿qué derecho podrá ser suspendido?**

a) El derecho de asociación.
b) El derecho de sindicación.
c) El derecho a recibir libremente información veraz por cualquier medio de difusión.
d) El derecho a la asistencia de abogado al detenido en las diligencias policiales y judiciales, en los términos que la ley establezca.

**19. ¿Cuál de los siguientes derechos no es fundamental?**

a) El derecho a la libertad de cátedra.
b) El derecho a la producción y creación literaria.
c) El derecho a la libertad religiosa.
d) El derecho a la propiedad privada.

**20. La Nación española declara su voluntad de establecer una sociedad:**

a) Solidaria.
b) Democrática avanzada.
c) De derecho.
d) Social y democrática de derecho.

**21. Respecto a los partidos políticos, señala la proposición incorrecta:**

a) Los partidos políticos son instrumentos de participación política.
b) Los partidos políticos contribuyen a la defensa y promoción de los intereses económicos y sociales que le son propios.
c) Los partidos políticos expresan el pluralismo político.
d) Su estructura interna y funcionamiento deberán ser democráticos.

**22. A tenor de lo dispuesto en el art. 167 de la CE, los proyectos de reforma constitucional deberán ser aprobados en todo caso por:**

a) Mayoría de tres quintos de cada una de las Cámaras.
b) Mayoría de tres quintos de cada una de las Cámaras y ratificación en referéndum.
c) Mayoría absoluta del Congreso y mayoría de tres quintos del Senado.
d) Ninguna es correcta.

**23. La CE no garantiza:**

a) La jerarquía normativa y la publicidad de las normas.
b) La responsabilidad e interdicción de la arbitrariedad de los poderes públicos.
c) El principio de legalidad.
d) La retroactividad de las disposiciones sancionadoras no favorables.

**24. ¿Cuál de los siguientes no es un derecho fundamental?**

a) Derecho a la intimidad personal y familiar y a la propia imagen.
b) Protección de la salud.
c) Libertad de cátedra.
d) Derecho de reunión pacífica y sin armas.

**25. Señala la opción incorrecta sobre las reuniones en lugares de tránsito público:**

a) Las reuniones en lugares de tránsito público no necesitarán comunicación previa.
b) Podrá prohibirse cuando existan razones fundadas de alteración del orden público.
c) Deberá darse comunicación previa a la autoridad.
d) La autoridad podrá prohibirlas cuando haya peligro para personas o bienes.

**26. De los siguientes derechos, ¿cuál de ellos podrá recabarse por cualquier ciudadano mediante recurso de amparo ante el Tribunal Constitucional?**

a) Derecho a la igualdad.
b) Sección 1ª Capítulo II Título I.
c) Objeción de conciencia.
d) Todas son correctas.

**27. Señala la respuesta correcta sobre el Defensor del Pueblo:**

a) Está regulado por Ley Ordinaria.
b) Supervisa la actividad de la Administración.
c) Es un Alto Comisionado de las Cortes Generales.
d) Son correctas a) y b).

**28. Señala la opción correcta:**

a) La detención preventiva podrá durar el tiempo necesario para la realización de las averiguaciones tendentes al esclarecimiento de los hechos, siendo el tiempo máximo establecido para dicha detención de cinco días.
b) Toda persona detenida debe ser informada de forma inmediata, y de modo que le sea comprensible, de sus derechos y de las razones de su detención, no pudiendo ser obligada a declarar.
c) En el plazo máximo de 48h, el detenido deberá ser puesto en libertad o a disposición de la autoridad judicial.
d) En caso de incomunicación, la asistencia de abogado al detenido en las diligencias policiales y judiciales, no es necesaria en los términos que la ley establece.

**29. Se garantiza la asistencia de abogado al detenido:**

a) A instancia del propio detenido.
b) En las diligencias policiales y judiciales.
c) Solo en las diligencias policiales.
d) Ninguna es correcta.

**30. Las penas privativas de libertad, ¿hacia qué estarán orientadas?**

a) A la obtención de justicia.
b) A la reinserción social.
c) A la ejemplaridad.
d) Al resarcimiento de la víctima.

**31. ¿Qué Título de la Constitución está dedicado a la regulación del Gobierno?**

a) El Título III.
b) El Título IV.
c) El Título V.
d) El Título VII.

**32. ¿Cuál de las siguientes figuras no es imprescindible en la composición del Gobierno?**

a) El Presidente.
b) Los Ministros.

c) Los Vicepresidentes.
d) Los Vicepresidentes y los Ministros.

**33. ¿Cuál de los siguientes órganos indicados es un órgano superior de un departamento ministerial?**

a) El Secretario de Estado.
b) El Director General.
c) El Secretario General.
d) El Secretario General Técnico.

**34. ¿Cuál de las siguientes funciones puede ser ejercida por un Presidente del Gobierno en funciones?**

a) El planteamiento de una cuestión de confianza.
b) La propuesta al Rey de celebración de un referéndum consultivo.
c) La celebración de Consejos de Ministros.
d) La propuesta al Rey de disolución de las Cámaras.

**35. ¿Qué artículo de la Constitución recoge los principios a los que debe ajustarse la Administración en su actuación?**

a) El artículo 103.
b) El artículo 102.
c) El artículo 104.
d) El artículo 106.

**36. ¿Quién nombra a los Ministros?**

a) El Presidente del Gobierno.
b) El Rey con refrendo del Presidente del Congreso.
c) El Rey con refrendo del Presidente del Gobierno.
d) El Rey con refrendo del Presidente de las Cortes.

**37. ¿Cuál es el plazo, pasado el cual, si ningún candidato alcanza la mayoría necesaria para ser nombrado Presidente del Gobierno, se debe proceder a la convocatoria de nuevas elecciones?**

a) Un mes desde la primera votación.
b) Dos meses desde la primera votación.
c) Dos meses desde la segunda votación.
d) Dos meses desde la tercera votación.

**38. Corresponde al Presidente del Gobierno:**

a) Proponer al Rey, previa deliberación del Consejo de Ministros, la disolución del Congreso, del Senado o de las Cortes Generales.
b) Representar al Gobierno.

c) Interponer el recurso de inconstitucionalidad.
d) Todas las respuestas son correctas.

**39. La coordinación de las funciones de los miembros del Gobierno de la Nación es competencia del/de las:**

a) Presidente del Gobierno de la Nación.
b) Vicepresidente del Gobierno de la Nación.
c) Ministerio de la Presidencia, Relaciones con las Cortes y Cooperación.
d) Comisiones Delegadas del Gobierno de la Nación.

**40. La propuesta del Rey de candidato a la Presidencia del Gobierno de la Nación se canaliza a través del:**

a) Presidente del Congreso de los Diputados.
b) Gobierno de la Nación en pleno.
c) Senado y Congreso de los Diputados.
d) Grupo político mayoritario.

**41. La confianza al candidato a Presidente del Gobierno de la Nación se otorga, en primera vuelta, por:**

a) Mayoría absoluta de las Cortes Generales.
b) Mayoría absoluta del Congreso de los Diputados.
c) Mayoría simple del Congreso de los Diputados.
d) Mayoría simple de las Cortes Generales.

**42. La disolución de las Cámaras, por transcurso de dos meses desde la primera votación de investidura, sin obtención de la confianza parlamentaria por los candidatos, se refrenda por el:**

a) Presidente del Gobierno de la Nación.
b) Rey.
c) Presidente del Congreso de los Diputados.
d) No necesita refrendo.

**43. El Gobierno de la Nación, en relación con los Presupuestos Generales del Estado:**

a) Los aprueba.
b) Los convalida.
c) Aprueba su Proyecto de Ley.
d) Los ratifica.

**44. No se incluye como principio fundamental de la actuación de la Administración el de:**

a) Coordinación.
b) Cooperación.

c) Legalidad.
d) Las respuestas b) y c) son correctas.

### 45. ¿Cuál de las siguientes no es una función de los Ministros?

a) Interponer el recurso de inconstitucionalidad.
b) Refrendar, en su caso, los actos del Rey en materia de su competencia.
c) Ejercer cuantas competencias les atribuyan las leyes, las normas de organización y funcionamiento del Gobierno y cualesquiera otras disposiciones.
d) Ejercer la potestad reglamentaria en las materias propias de su Departamento.

### 46. ¿Cuándo cesará el Gobierno?

a) En los casos de pérdida de la confianza parlamentaria previstos en la Constitución.
b) Tras la celebración de elecciones generales.
c) Por dimisión o fallecimiento de su Presidente.
d) Todas las respuestas son correctas.

### 47. ¿Transcurrido qué plazo, a partir de la primera votación de investidura, si ningún candidato hubiere obtenido la confianza del Congreso, el Rey disolverá ambas Cámaras y convocará nuevas elecciones con el refrendo del Presidente del Congreso?

a) Transcurrido un mes.
b) Transcurridos dos meses.
c) Transcurridos tres meses.
d) Transcurridos seis meses.

### 48. Según la Constitución, las Entidades que forman parte de la organización territorial del Estado tienen la nota común de:

a) Autogobierno.
b) Independencia.
c) Autonomía.
d) Financiación propia.

### 49. La titularidad de la soberanía española radica en el/las:

a) Cortes Generales como representantes del pueblo español.
b) Rey como Jefe del Estado.
c) Pueblo mismo.
d) Nacionalidades y regiones que integran España.

### 50. No pueden constituirse en Comunidades Autónomas los territorios:

a) Que no estén integrados en la organización provincial.
b) Que, no siendo superiores a una Provincia, tengan entidad regional histórica.

c) Que, no siendo superiores a una Provincia, no tengan entidad regional histórica.
d) Interinsulares.

**51. La vía ordinaria de acceso a la autonomía por el artículo 143 de la Constitución se sigue por los/las:**

a) Provincias con entidad regional histórica.
b) Territorios que en el pasado hubieren plebiscitado afirmativamente proyecto de Estatuto de Autonomía.
c) Provincia sin entidad regional histórica directamente.
d) Supuestos especiales de Ceuta, Melilla y Gibraltar.

**52. Entre las determinaciones de los Estatutos de Autonomía no es necesario incluir la:**

a) Delimitación de su territorio.
b) Denominación de las instituciones autónomas propias.
c) Denominación de la Comunidad.
d) Denominación, organización y sede de sus instituciones administrativas.

**53. En las Comunidades Autónomas que siguen la vía común, el Proyecto de Estatuto será elaborado por la/los:**

a) Asamblea de Parlamentarios que se constituye al efecto.
b) Comisión Constitucional del Congreso de los Diputados.
c) Diputación Provincial correspondiente.
d) Miembros de la Diputación u órgano interinsular y por los Diputados y Senadores elegidos por ellas.

**54. El voto de ratificación por los Plenos del Senado y del Congreso de los Diputados se dará en el/las:**

a) Comunidades Autónomas que siguen la vía común.
b) Comunidades Autónomas que siguen la vía especial.
c) Acceso a la autonomía de Ceuta y Melilla.
d) Acceso a la autonomía de Gibraltar.

**55. La responsabilidad política del Presidente de una Comunidad Autónoma se exige por el/la:**

a) Sala de lo Penal del Tribunal Supremo.
b) Congreso de los Diputados.
c) Tribunal Superior de Justicia de la Comunidad Autónoma.
d) Asamblea Legislativa de la Comunidad Autónoma.

**56. La Asamblea Legislativa de las Comunidades Autónomas se elige:**

a) Con criterios de representación territorial.
b) Con criterios de representación proporcional.
c) Por sufragio individual.
d) Con criterios de representación provincial.

**57. Con el fin de corregir los desequilibrios económicos interterritoriales y hacer efectivo el principio de solidaridad, se constituye:**

a) El Fondo de Compensación Interterritorial.
b) El Comité Económico Interterritorial.
c) El Consejo de Política Fiscal y Financiera.
d) El FASI.

**58. Los Estatutos de Autonomía deberán contener el/la/las:**

a) Competencias que se dejan al Estado y las que asume la Comunidad.
b) Competencias que, en función de la Constitución, asume cada Comunidad Autónoma.
c) Desarrollo de la Administración Autonómica.
d) División provincial y órganos de gobierno.

**59. En la reforma de los Estatutos intervienen las Cortes Generales:**

a) Siempre.
b) Nunca.
c) Solo cuanto se trata de Comunidades Autónomas que accedieron por la vía común.
d) En las Comunidades Autónomas de vía especial exclusivamente.

**60. Los miembros de las Diputaciones u órganos interinsulares intervienen en la elaboración de los Estatutos de Autonomía:**

a) En todo caso.
b) Nunca.
c) En las Comunidades Autónomas de vía común.
d) En las Comunidades Autónomas de vía especial.

**61. Los Estatutos de Autonomía en la vía común se aprueban por el:**

a) Congreso de los Diputados mediante ley orgánica.
b) Congreso de los Diputados y Senado por ley orgánica.
c) Congreso de los Diputados y Senado por ley ordinaria.
d) Parlamento Autonómico solamente.

**62. La más alta representación de una Comunidad Autónoma la ostenta el:**

a) Presidente del Parlamento Autonómico.
b) Presidente de la Comunidad Autónoma.
c) Rey.
d) Presidente del Gobierno de la Nación.

**63. La asunción de competencias y de mayor autonomía por las Comunidades Autónomas es, como regla general:**

a) Regresiva.
b) Progresiva.
c) Automática.
d) Inmediata.

**64. En la elaboración por la vía común de los Estatutos de Autonomía:**

a) No intervienen los Municipios afectados.
b) Intervendrán en todo caso.
c) Solo intervienen las Diputaciones Provinciales u órganos interinsulares.
d) Solo intervienen los Municipios y los Diputados y Senadores.

**65. El principio de solidaridad consagrado por el artículo 138 de la Constitución exige una atención especial a:**

a) Las Comunidades Autónomas de economía más deprimida.
b) Las Entidades de ámbito territorial inferior al municipal.
c) Todas las partes del territorio nacional.
d) Las Islas.

**66. La federación de Comunidades Autónomas, según la Constitución:**

a) Solo se permite respecto de las limítrofes.
b) Requiere Ley Orgánica de las Cortes Generales.
c) Ha de efectuarse previa reforma de la propia Constitución.
d) Está absolutamente prohibida.

# Solución al test n.º 1

**1.** c) El articulado de la Constitución se agrupa en once títulos, además del preámbulo y las disposiciones adicionales, transitorias, derogatoria y final.

**2.** a) El principio de legalidad, la jerarquía normativa, la publicidad de las normas.

**3.** a) Se reconoce a todos los españoles a título individual o colectivo, sin excepciones.

**4.** a) Los contenidos en el capítulo tercero del Título I.

**5.** c) Ambos quedan comprendidos.

**6.** b) El derecho a una confesión religiosa.

**7.** c) De conformidad con el Consejo de Estado y las declaraciones del Consejo de Ministros.

**8.** c) Los Cuerpos sometidos a disciplina militar podrán ejercer este derecho tanto individual como colectivamente.

**9.** c) Las asociaciones que persigan fines o utilicen medios tipificados como delito son ilegales.

**10.** a) El 27 de septiembre de 2011, reformándose el artículo 135 de la misma.

**11.** c) Proteger a todos los españoles y pueblos de España en el ejercicio de los derechos humanos, sus culturas y tradiciones, lenguas e instituciones.

**12.** c) Garantizar la integridad territorial y el ordenamiento constitucional.

**13.** c) Los poderes públicos.

**14.** d) Ante el Tribunal Constitucional.

**15.** a) Nueve años y se renovarán por terceras partes cada tres.

**16.** c) Tienen el deber de conocer y el derecho de usar el castellano.

**17.** a) Garantizar la seguridad ciudadana.

**18.** c) El derecho a recibir libremente información veraz por cualquier medio de difusión.

**19.** d) El derecho a la propiedad privada.

**20.** b) Democrática avanzada.

**21.** b) Los partidos políticos contribuyen a la defensa y promoción de los intereses económicos y sociales que le son propios.

**22.** a) Mayoría de tres quintos de cada una de las Cámaras.

**23.** d) La retroactividad de las disposiciones sancionadoras no favorables.

**24.** b) Protección de la salud.

**25.** a) Las reuniones en lugares de tránsito público no necesitarán comunicación previa.

**26.** d) Todas son correctas.

**27.** c) Es un Alto Comisionado de las Cortes Generales.

**28.** b) Toda persona detenida debe ser informada de forma inmediata, y de modo que le sea comprensible, de sus derechos y de las razones de su detención, no pudiendo ser obligada a declarar.

**29.** b) En las diligencias policiales y judiciales.

**30.** b) A la reinserción social.

**31.** b) El Título IV.

**32.** c) Los Vicepresidentes.

**33.** a) El Secretario de Estado.

**34.** c) La celebración de Consejos de Ministros.

**35.** a) El artículo 103.

**36.** c) El Rey con refrendo del Presidente del Gobierno.

**37.** b) Dos meses desde la primera votación.

**38.** d) Todas las respuestas son correctas.

**39.** a) Presidente del Gobierno de la Nación.

**40.** a) Presidente del Congreso de los Diputados.

**41.** b) Mayoría absoluta del Congreso de los Diputados.

**42.** c) Presidente del Congreso de los Diputados.

**43.** c) Aprueba su Proyecto de Ley.

**44.** b) Cooperación.

**45.** a) Interponer el recurso de inconstitucionalidad.

**46.** d) Todas las respuestas son correctas.

**47.** b) Transcurridos dos meses.

**48.** c) Autonomía.

**49.** c) Pueblo mismo.

**50.** d) Interinsulares.

**51.** a) Provincias con entidad regional histórica.

**52.** d) Denominación, organización y sede de sus instituciones administrativas.

**53.** d) Miembros de la Diputación u órgano interinsular y por los Diputados y Senadores elegidos por ellas.

**54.** b) Comunidades Autónomas que siguen la vía especial.

**55.** d) Asamblea Legislativa de la Comunidad Autónoma.

**56.** b) Con criterios de representación proporcional.

**57.** a) El Fondo de Compensación Interterritorial.

**58.** b) Competencias que, en función de la Constitución, asume cada Comunidad Autónoma.

**59.** a) Siempre.

**60.** c) En las Comunidades Autónomas de vía común.

**61.** b) Congreso de los Diputados y Senado por ley orgánica.

**62.** b) Presidente de la Comunidad Autónoma.

**63.** b) Progresiva.

**64.** a) No intervienen los Municipios afectados.

**65.** d) Las Islas.

**66.** d) Está absolutamente prohibida.

# TEST N.º 2

**La Ley 39/2015, de 1 de octubre, del Procedimiento Administrativo Común de las Administraciones Públicas: Título preliminar: Disposiciones Generales. Título I: De los interesados en el procedimiento. Título II: De la actividad de las Administraciones Públicas. Título III: De los actos administrativos. Título IV: De las disposiciones sobre el procedimiento administrativo. Título V: De la revisión de los actos en vía administrativa**

**1. El ámbito subjetivo de aplicación de la Ley 39/2015, de 1 de octubre, del Procedimiento Administrativo Común de las Administraciones Públicas comprende:**

a) Solo la Administración General del Estado.

b) Todas las entidades que integran el sector público, excluidas aquellas que se rigen por el Derecho Privado.

c) Todas las entidades que integran el sector público, incluidas aquellas que se rigen por el Derecho Privado cuando ejerzan potestades administrativas.

d) Todas las entidades y organismos, ya se rijan por el Derecho Público o el Derecho Privado.

**2. Se consideran interesados en el procedimiento administrativo:**

a) Los que tengan derechos que puedan resultar afectados por la decisión que en el mismo se adopte, aunque no hayan iniciado el procedimiento.

b) Todo aquel, ya sea persona física o jurídica, que presente una denuncia o comparezca en el trámite de información pública.

c) Quienes se personaren en el procedimiento una vez haya recaído resolución definitiva en el mismo.

d) Las asociaciones y organizaciones representativas de intereses económicos y sociales, en todo caso.

**3. La representación del interesado en un procedimiento administrativo:**

a) Siempre se presume, salvo manifestación en contra del interesado.

b) Impedirá que se tenga por realizado el acto de que se trate, sino se acredita suficientemente aquella con anterioridad.

c) Solo está permitido para las personas jurídicas.

d) Podrá realizarse mediante apoderamiento *apud acta* efectuado por comparecencia electrónica en la correspondiente sede electrónica.

**4. Los poderes inscritos en el Registro Electrónico de Apoderamientos de la Administración General del Estado tendrán una validez determinada máxima de:**

a) Cinco años desde la última actuación administrativa para la que se utilizó.

b) Cinco años a contar desde la fecha de inscripción.

c) Tres años desde la fecha de inscripción.

d) Son para siempre, salvo revocación expresa del interesado.

**5. Los interesados podrán identificarse y firmar electrónicamente en los procedimientos administrativos mediante sistemas basados en certificados electrónicos reconocidos o cualificados de firma o sello electrónicos:**

a) Expedidos en cualquier Estado miembro de la Unión Europea.

b) Pero solo si están expedidos por una Administración Pública.

c) Expedidos por prestadores incluidos en la Lista de confianza de prestadores de servicios de certificación.

d) No es posible.

**6. En todo caso, están obligados a relacionarse a través de medios electrónicos con las Administraciones Públicas para la realización de cualquier trámite de un procedimiento administrativo:**

a) Quienes actúen a través de representante, pese a que no estén obligados a relacionarse electrónicamente con la Administración.

b) Quienes ejerzan una actividad profesional para la que se requiera colegiación, aunque lo hagan en el ámbito de su vida privada.

c) Los entes sin personalidad jurídica, sin excepción.

d) Los empleados de las Administraciones Públicas, en cualquier supuesto.

**7. Los documentos que los interesados dirijan a los órganos de las Administraciones Públicas podrán presentarse:**

a) En el registro electrónico de cualquier Administración u Organismo, aunque no se dirijan a estos.

b) En las Notarías y Registros de la Propiedad.

c) En las representaciones diplomáticas u oficinas consulares de cualquier Estado miembro de la Unión Europea.

d) En las oficinas de asistencia en materia de registros.

**8. La comparecencia de las personas ante las oficinas públicas, ya sea presencialmente o por medios electrónicos:**

a) Será siempre obligatoria.

b) Solo será obligatoria si está previsto legal o reglamentariamente.

c) Solo será obligatoria cuando así esté previsto en una norma con rango de ley.
d) Nunca será obligatoria, conforme al artículo 105 CE.

**9. La Ley 39/2015, reconoce a los interesados la facultad para exigir la responsabilidad en que se pudiese incurrir en la tramitación de los asuntos, contra:**

a) La Administración Pública de que dependa el personal afectado.
b) El personal al servicio de las Administraciones Públicas que los tuviesen a su cargo.
c) Los titulares de las unidades administrativas encargadas de la tramitación o despacho.
d) Ninguno de los anteriores, pues no se reconoce dicha facultad.

**10. La iniciación de los plazos se produce:**

a) Al día siguiente de la notificación del acto.
b) El mismo día de la notificación o publicación del acto.
c) Depende de los casos.
d) Desde el primer día hábil en que se produce la notificación.

**11. Si un interesado de una Comunidad Autónoma con lengua oficial específica se dirige a un órgano de la Administración General del Estado sito en su Comunidad, ha de hacerlo en:**

a) Castellano necesariamente.
b) Su lengua oficial exclusivamente.
c) Cualquiera de las dos anteriores, a su opción.
d) La que se le indique por la citada Administración.

**12. Si un interesado en un procedimiento conoce datos de otros que no han comparecido en el mismo:**

a) Puede dárselos a la Administración Pública actuante.
b) Está obligado a proporcionárselos a la anterior.
c) Para garantizar su intimidad, debe ocultarlos.
d) No tiene obligación alguna al respecto.

**13. En las disposiciones de creación de registros electrónicos no es necesario especificar:**

a) Los días declarados como inhábiles.
b) La caducidad del registro.
c) El órgano o unidad responsable de su gestión.
d) La fecha y hora oficial.

**14. El proceso tecnológico que permite convertir un documento en soporte papel u otro soporte no electrónico, en un fichero electrónico que contiene la imagen codificada, fiel e íntegra del documento, se conoce en la LPACAP como:**

a) Automatización.
b) Fotocopiado.

c) Autenticación.
d) Digitalización.

**15. Señala la opción incorrecta. En todo caso, las disposiciones de creación de registros electrónicos especificarán:**

a) El órgano o unidad responsable de su gestión.
b) La fecha y hora oficial.
c) Los días declarados como inhábiles.
d) Los medios electrónicos permitidos.

**16. Señala la respuesta correcta respecto al cómputo de plazos:**

a) Salvo que por Ley o en el Derecho de la Unión Europea se disponga otro cómputo, cuando los plazos se señalen por horas, se entiende que estas son naturales.
b) Siempre que por Ley o en el Derecho de la Unión Europea no se exprese otro cómputo, cuando los plazos se señalen por días, se entiende que estos son naturales, incluyéndose en el cómputo los sábados, los domingos y los declarados festivos.
c) Los plazos expresados en días se contarán desde el mismo día en que tenga lugar la notificación o publicación del acto de que se trate, o desde el siguiente a aquel en que se produzca la estimación o la desestimación por silencio administrativo.
d) Cuando un día fuese hábil en el municipio o Comunidad Autónoma en que residiese el interesado, e inhábil en la sede del órgano administrativo, o a la inversa, se considerará inhábil en todo caso.

**17. Señala la respuesta incorrecta respecto al cómputo de los plazos:**

a) Cuando los plazos se hayan señalado por días naturales por declararlo así una ley o por el Derecho de la Unión Europea, se hará constar esta circunstancia en las correspondientes notificaciones.
b) Cuando el último día del plazo sea inhábil, se entenderá prorrogado al primer día hábil siguiente.
c) Los plazos expresados por horas se contarán de hora en hora y de minuto en minuto desde la hora y minuto en que tenga lugar la notificación o publicación del acto de que se trate y no podrán tener una duración superior a veinticuatro horas, en cuyo caso se expresarán en días.
d) La declaración de un día como hábil o inhábil a efectos de cómputo de plazos determina por sí sola el funcionamiento de los centros de trabajo de las Administraciones Públicas, la organización del tiempo de trabajo así como el régimen de jornada y horarios de las mismas.

**18. El registro electrónico permite la presentación de documentos:**

a) De lunes a viernes de 8 a 15 horas.
b) De lunes a viernes de 8 a 21 horas.
c) Todos los días del año de 8 a 21 horas.
d) Todos los días del año durante las veinticuatro horas.

**19. ¿En qué caso podrá ser objeto de ampliación un plazo ya vencido?**

a) En los procedimientos tramitados por las misiones diplomáticas y oficinas consulares.
b) En aquellos que, sustanciándose en el interior, exijan cumplimentar algún trámite en el extranjero o en los que intervengan interesados residentes fuera de España.
c) Siempre que así lo considere oportuno, y lo fundamente, el Instructor del procedimiento.
d) En ningún caso.

**20. Cuando razones de interés público lo aconsejen, se podrá acordar, de oficio o a petición del interesado, la aplicación al procedimiento de la tramitación de urgencia, por la cual se reducirán a la mitad los plazos establecidos para el procedimiento ordinario, salvo:**

a) Los relativos a la presentación de solicitudes.
b) Los relativos a la presentación de recursos.
c) Las respuestas a) y b) son correctas.
d) Ninguna respuesta es correcta.

**21. ¿Qué recurso cabe contra el acuerdo que declare la aplicación de la tramitación de urgencia al procedimiento?**

a) Recurso de alzada.
b) Recurso extraordinario de revisión.
c) Recurso de reposición, en el plazo de un mes.
d) Ningún recurso.

**22. La LPACAP trata de los términos y plazos en sus artículos:**

a) 28 a 30.
b) 29 a 33.
c) 28 a 34.
d) 29 a 35.

**23. Cuando se conceda, a instancias de un particular, una ampliación de los plazos, esta no debe exceder de:**

a) Diez días.
b) La mitad del plazo.
c) Un tiempo igual al del plazo de que se trate.
d) Tres meses en cualquier caso.

**24. Para que un acto tenga eficacia retroactiva es necesario que:**

a) Limite derechos de los particulares.
b) Restrinja el ejercicio de facultades de los particulares.

c) Imponga deberes u obligaciones.
d) No se lesionen derechos de otras personas.

**25. Cuando la notificación se practique en el domicilio del interesado, de no hallarse presente, podrá hacerse cargo de la misma cualquier persona que se encuentre en el domicilio, haga constar su identidad y sea:**

a) Mayor de catorce años.
b) Mayor de dieciséis años.
c) Mayor de dieciocho años.
d) Mayor de veintiún años.

**26. Cuando la notificación por medios electrónicos sea de carácter obligatorio, se entenderá rechazada cuando:**

a) Hayan transcurrido veinte días naturales desde la puesta a disposición de la notificación sin que se acceda a su contenido.
b) Hayan transcurrido diez días naturales desde la puesta a disposición de la notificación sin que se acceda a su contenido.
c) Hayan transcurrido diez días hábiles desde la puesta a disposición de la notificación sin que se acceda a su contenido.
d) Hayan transcurrido veinte días hábiles desde la puesta a disposición de la notificación sin que se acceda a su contenido.

**27. Señala la respuesta incorrecta. Los actos administrativos serán objeto de publicación:**

a) Cuando así lo establezcan las normas reguladoras de cada procedimiento.
b) Cuando lo aconsejen razones de interés público apreciadas por el órgano competente.
c) Cuando el acto tenga por destinatario a una pluralidad indeterminada de personas.
d) Siempre.

**28. Serán motivados, con sucinta referencia de hechos y fundamentos de Derecho:**

a) Los actos que se separen del criterio seguido en actuaciones precedentes o del dictamen de órganos consultivos.
b) Los actos que limiten derechos subjetivos o intereses legítimos.
c) Los actos que resuelvan procedimientos de revisión de oficio de disposiciones o actos administrativos, recursos administrativos y procedimientos de arbitraje y los que declaren su inadmisión.
d) Todas las respuestas son correctas.

**29. La regla general cuando un acto infringe el ordenamiento jurídico es:**

a) Su anulabilidad.
b) Su validez temporal.

**MAD**

c) Su nulidad relativa.
d) Las respuestas a) y c) son correctas.

**30. Los efectos de una declaración de nulidad absoluta se producen desde:**

a) Que se notifica el acto anulatorio.
b) El momento de la declaración de la nulidad.
c) La notificación o publicación del acto anulatorio, según los casos.
d) Que se dictó el acto anulado.

**31. ¿Cuándo podrá la Administración Pública convalidar un acto administrativo?**

a) Cuando el vicio consiste en incompetencia jerárquica.
b) Cuando el vicio consiste en incompetencia funcional.
c) Cuando el vicio consiste en incompetencia territorial.
d) En ninguno de los anteriores casos.

**32. La presunción de legitimidad de los actos administrativos:**

a) No admite prueba en contrario.
b) Dependerá de lo que el propio acto establezca.
c) Puede ser objeto de impugnación por el particular.
d) Solo se da cuando la ley expresamente lo diga.

**33. Los supuestos de nulidad absoluta de actos administrativos:**

a) Son la regla general en nuestro Derecho.
b) Son los recogidos en el artículo 47 de la Ley 39/2015, de 1 de octubre, del Procedimiento Administrativo Común de las Administraciones Públicas, exclusivamente.
c) Pueden establecerse expresamente por una disposición con rango de ley.
d) Son solo los del artículo 47 citado y de otras leyes formales.

**34. Los defectos formales en un acto, según reconoce expresamente la ley:**

a) Lo vician con nulidad absoluta.
b) Lo vician con anulabilidad en todo caso.
c) Pueden dar lugar a la nulidad absoluta si producen indefensión.
d) Pueden dar lugar a la anulabilidad si producen indefensión.

**35. La Administración Pública podrá convalidar un acto:**

a) Si el vicio consiste en incompetencia jerárquica.
b) Si el vicio consiste en incompetencia funcional.
c) Si el vicio consiste en incompetencia territorial.
d) En ninguno de los anteriores casos.

**36. La Administración Pública no podrá convalidar un acto si el vicio consiste en:**

a) Incompetencia jerárquica.
b) La falta de una autorización.
c) Incompetencia funcional.
d) La omisión de un informe facultativo.

**37. Cuando el acto administrativo presenta un vicio que no le hace incurrir en nulidad absoluta ni en anulabilidad, se considera:**

a) Irregular.
b) Defectuoso.
c) Inválido.
d) Viciado.

**38. La conversión se aplica a los actos:**

a) Nulos.
b) Nulos de pleno derecho.
c) Anulables.
d) No cabe la conversión de actos administrativos.

**39. El recurso de alzada contra actos que no agotan la vía administrativa es:**

a) Extraordinario.
b) La regla general.
c) Especial.
d) Inexistente.

**40. La *reformatio in peius*, en materia de recursos:**

a) Se admite como regla general.
b) Solo se permite en materia sancionadora.
c) Se admite cuando el recurso está claramente infundado.
d) Está expresamente prohibida.

**41. Cuando hayan de tenerse en cuenta nuevos hechos o documentos no recogidos en el expediente originario, se pondrán de manifiesto a los interesados para que formulen las alegaciones que estimen procedentes, en un plazo:**

a) No inferior a diez días ni superior a quince.
b) De veinte días.
c) No inferior a cinco días ni superior a veinte.
d) De treinta días.

**42. La resolución de un recurso:**

a) Debe circunscribirse a lo solicitado por el recurrente.
b) Resolverá cuantas cuestiones se deduzcan del expediente.
c) No es necesario que se motive.
d) Debe aceptar las razones en que se fundamente el propio recurso.

**43. Si el acto fuera expreso, el plazo para la interposición del recurso de reposición será de:**

a) Tres meses.
b) Diez días.
c) Quince días.
d) Un mes.

**44. El recurso de alzada contra actos que no agotan la vía administrativa es:**

a) Extraordinario.
b) La regla general.
c) Especial.
d) Inexistente.

**45. El recurso de reposición contra actos que no agotan la vía administrativa es:**

a) Ordinario.
b) Extraordinario.
c) Especial.
d) Inexistente.

**46. La resolución presunta del recurso de alzada se dará, si no recae resolución, al/a los:**

a) Quince días de interponerlo.
b) Mes de su interposición.
c) Tres meses de su interposición.
d) En cualquier momento a partir del día siguiente a aquel en que, de acuerdo con su normativa específica, se produzcan los efectos del silencio administrativo.

**47. El silencio administrativo en el recurso de alzada puede ser positivo en el siguiente caso:**

a) Cuando el recurso se presentó contra un acto presunto desestimatorio de la solicitud del ciudadano.
b) Cuando perjudique al ciudadano.
c) Siempre que beneficie al interés público.
d) En ningún supuesto es positivo.

**48. Para plantear un recurso administrativo:**

a) Hay que tener capacidad jurídica, sin requerirse la capacidad de obrar.
b) Basta con la capacidad de obrar.
c) Se requiere, siempre, ser titular de un derecho subjetivo afectado por el acto que se recurre.
d) Puede hacerlo quien ostente la condición de interesado.

**49. Cuando una persona interpone un recurso de alzada denominándolo como recurso de revisión:**

a) Deberá desestimarse el recurso por improcedente.
b) Deberá notificársele el error para que lo subsane.
c) No se admitirá el recurso.
d) Deberá resolverse, si del propio recurso se deduce su carácter.

**50. Como consecuencia del principio de congruencia, al resolver un recurso, la Administración Pública:**

a) Podrá agravar la situación inicial del recurrente.
b) Deberá ajustarse a las peticiones del recurrente.
c) Lo desestimará, manteniendo el acto administrativo.
d) Solo decidirá sobre las cuestiones planteadas por el recurrente sin entrar en otras que deriven del procedimiento.

**51. Entre los límites de la revisión de los actos administrativos se encuentra:**

a) La prescripción de la acción.
b) Su ilegalidad manifiesta.
c) Que atente a derechos subjetivos.
d) Que incurra en nulidad de pleno derecho.

**52. El recurso de revisión es:**

a) Unitario.
b) Ordinario.
c) Especial.
d) Extraordinario.

**53. Contra los actos dictados por un Tribunal de Oposiciones:**

a) No cabe recurso alguno.
b) Puede presentarse recurso de alzada ante su Presidente.
c) El recurso de alzada debe entablarse ante la autoridad que nombró al Presidente.
d) Solo es posible el recurso de revisión.

**54. No es motivo bastante para interponer un recurso de revisión que:**

a) Se haya incurrido en manifiesto error de hecho al dictar el acto.
b) Hubiere mediado cohecho en la resolución.
c) Se haya dictado por órgano manifiestamente incompetente.
d) Hayan influido documentos declarados falsos por sentencia judicial firme.

**55. Para que pueda entablarse un recurso extraordinario de revisión por error de hecho, este:**

a) Ha de ser declarado por sentencia judicial firme.
b) Ha de haberse adoptado por cohecho.
c) Ha de derivar de documentos habidos en el expediente.
d) Nada de lo anterior es cierto.

**56. La revocación por la Administración Pública de un acto administrativo de gravamen o no declarativo de derechos:**

a) Ha de efectuarse a instancia de los particulares.
b) Está prohibida.
c) Se podrá revocar mientras que no haya transcurrido el plazo de prescripción, siempre que no constituya dispensa o exención no permitida por las leyes, o sea contraria al principio de igualdad, al interés público o al ordenamiento jurídico.
d) Requiere previo dictamen del Consejo de Estado.

**57. En la Administración Local (en concreto, en un Ayuntamiento), la declaración de lesividad de un acto se efectúa a través del/de la:**

a) Presidente de la Corporación Local.
b) Junta de Gobierno Local.
c) Pleno.
d) Cualquiera de los anteriores.

**58. Un acto anulable, ¿puede ser revisado de oficio por la Administración Pública, una vez transcurridos cuatro años desde que se dictó?**

a) Sí, cuando así lo dictamine el Consejo de Estado.
b) No.
c) Sí, cuando incurra en nulidad de pleno derecho y así lo dictamine el Consejo de Estado.
d) Sí, cuando la ilegalidad sea manifiesta y así lo dictamine el Consejo de Estado.

# Solución al test n.º 2

**1.** c) Todas las entidades que integran el sector público, incluidas aquellas que se rigen por el Derecho Privado cuando ejerzan potestades administrativas.

**2.** a) Los que tengan derechos que puedan resultar afectados por la decisión que en el mismo se adopte, aunque no hayan iniciado el procedimiento.

**3.** d) Podrá realizarse mediante apoderamiento apud acta efectuado por comparecencia electrónica en la correspondiente sede electrónica.

**4.** b) Cinco años a contar desde la fecha de inscripción.

**5.** c) Expedidos por prestadores incluidos en la Lista de confianza de prestadores de servicios de certificación.

**6.** c) Los entes sin personalidad jurídica, sin excepción.

**7.** d) En las oficinas de asistencia en materia de registros.

**8.** c) Solo será obligatoria cuando así esté previsto en una norma con rango de ley.

**9.** a) La Administración Pública de que dependa el personal afectado.

**10.** a) Al día siguiente de la notificación del acto.

**11.** c) Cualquiera de las dos anteriores, a su opción.

**12.** b) Está obligado a proporcionárselos a la anterior.

**13.** b) La caducidad del registro.

**14.** d) Digitalización.

**15.** d) Los medios electrónicos permitidos.

**16.** d) Cuando un día fuese hábil en el municipio o Comunidad Autónoma en que residiese el interesado, e inhábil en la sede del órgano administrativo, o a la inversa, se considerará inhábil en todo caso.

**17.** d) La declaración de un día como hábil o inhábil a efectos de cómputo de plazos determina por sí sola el funcionamiento de los centros de trabajo de las Administraciones Públicas, la organización del tiempo de trabajo así como el régimen de jornada y horarios de las mismas.

**18.** d) Todos los días del año durante las veinticuatro horas.

**19.** d) En ningún caso.

**20.** c) Las respuestas a) y b) son correctas.

**21.** d) Ningún recurso.

**22.** b) 29 a 33.

**23.** b) La mitad del plazo.

**24.** d) No se lesionen derechos de otras personas.

**25.** a) Mayor de catorce años.

**26.** b) Hayan transcurrido diez días naturales desde la puesta a disposición de la notificación sin que se acceda a su contenido.

**27.** d) Siempre.

**28.** d) Todas las respuestas son correctas.

**29.** d) Las respuestas a) y c) son correctas.

**30.** d) Que se dictó el acto anulado.

**31.** a) Cuando el vicio consiste en incompetencia jerárquica.

**32.** c) Puede ser objeto de impugnación por el particular.

**33.** c) Pueden establecerse expresamente por una disposición con rango de ley.

**34.** d) Pueden dar lugar a la anulabilidad si producen indefensión.

**35.** a) Si el vicio consiste en incompetencia jerárquica.

**36.** c) Incompetencia funcional.

**37.** a) Irregular.

**38.** c) Anulables.

**39.** b) La regla general.

**40.** d) Está expresamente prohibida.

**41.** a) No inferior a diez días ni superior a quince.

**42.** b) Resolverá cuantas cuestiones se deduzcan del expediente.

**43.** d) Un mes.

**44.** b) La regla general.

**45.** d) Inexistente.

**46.** c) Tres meses de su interposición.

**47.** a) Cuando el recurso se presentó contra un acto presunto desestimatorio de la solicitud del ciudadano.

**48.** d) Puede hacerlo quien ostente la condición de interesado.

**49.** d) Deberá resolverse, si del propio recurso se deduce su carácter.

**50.** b) Deberá ajustarse a las peticiones del recurrente.

**51.** a) La prescripción de la acción.

**52.** d) Extraordinario.

**53.** c) El recurso de alzada debe presentarse ante la autoridad que nombró al Presidente.

**54.** c) Se haya dictado por órgano manifiestamente incompetente.

**55.** c) Ha de derivar de documentos habidos en el expediente.

**56.** c) Se podrá revocar mientras que no haya transcurrido el plazo de prescripción, siempre que no constituya dispensa o exención no permitida por las leyes, o sea contraria al principio de igualdad, al interés público o al ordenamiento jurídico.

**57.** c) Pleno.

**58.** b) No.

# TEST N.º 3

**La Ley 40/2015, de 1 de octubre, del Régimen Jurídico del Sector Público. Capítulos I y II del Título Preliminar «Disposiciones generales, principios de actuación y funcionamiento del sector público»**

**1. Conforme al artículo 1 de la Ley 40/2015, ¿cuál de los siguientes es uno de sus objetivos?**

a) Establecer los principios del sistema de responsabilidad de las Administraciones Públicas y de la potestad sancionadora.

b) Establecer la organización, funcionamiento y control de la Administración de la Comunidad Autónoma y de su sector privado empresarial.

c) Regular las bases del régimen jurídico e iniciativa legislativa de las Administraciones Públicas.

d) Organización y funcionamiento de la Administración General del Estado y de su sector público empresarial para el desarrollo de sus actividades.

**2. Conforme al art. 2 de la Ley 40/2015, de entre los siguientes, ¿cuál no tiene consideración de Administración Pública?**

a) La Administración General del Estado.

b) Las Entidades que integran la Administración Local.

c) Las Universidades Públicas.

d) Los organismos públicos y entidades de derecho público vinculados o dependientes de las Administraciones Públicas.

**3. De acuerdo con el artículo 3 de la Ley 40/2015, las Administraciones Públicas sirven con objetividad los intereses generales y actúan de acuerdo con los principios de:**

a) Eficacia, jerarquía, descentralización, desconcentración y coordinación, con sometimiento pleno a la Constitución y a la Ley.

b) Eficacia, jerarquía, transparencia, descentralización, desconcentración y coordinación, con sometimiento pleno a la Constitución, a la Ley y al Derecho.

c) Eficacia, jerarquía, descentralización, desconcentración y coordinación, con sometimiento pleno a la Constitución, a la Ley y al Derecho.

d) Eficacia, jerarquía, descentralización y coordinación, con sometimiento pleno a la Constitución, a la Ley y al Derecho.

**4. De acuerdo con el artículo 3.1.d) de la Ley 40/2015, las Administraciones Públicas deberán respetar en su actuación y relaciones los siguientes principios:**

a) Culpabilidad e irretroactividad.
b) Legalidad y *non bis in ídem*.
c) Buena fe, confianza legítima y lealtad institucional.
d) Proporcionalidad, seguridad jurídica y prescripción.

**5. Establece la Ley 40/2015, de Régimen Jurídico del Sector Público, que las Administraciones Públicas deberán respetar en su actuación y relaciones una serie de principios. ¿Cuál de las siguientes opciones es incorrecta en relación con tales principios?**

a) Planificación y dirección por objetivos y control de la gestión y evaluación de los resultados de las políticas públicas.
b) Eficiencia en la asignación y utilización de los recursos públicos.
c) Participación, subjetividad y transparencia de la actuación administrativa.
d) Todas son correctas.

**6. Las Administraciones Públicas que, en el ejercicio de sus respectivas competencias, establezcan medidas que limiten el ejercicio de derechos individuales o colectivos o exijan el cumplimiento de requisitos para el desarrollo de una actividad:**

a) Deberán aplicar el principio de proporcionalidad y elegir la medida menos restrictiva.
b) Deberán motivar su necesidad para la protección del interés público, así como justificar su adecuación para lograr los fines que se persiguen.
c) Deberán evaluar periódicamente los efectos de esas medidas y los resultados obtenidos.
d) Todas las respuestas son correctas.

**7. ¿Cuál es el principio en virtud del cual la actuación de las Administraciones públicas no puede ser alterada arbitrariamente?**

a) El principio de buena fe.
b) El principio de proporcionalidad.
c) El principio de seguridad jurídica.
d) El principio de confianza legítima.

**8. ¿Qué principios deberán respetar en sus relaciones las Administraciones Públicas?**

a) Buena fe, confianza legítima y lealtad institucional.
b) Los de eficiencia y servicio a los ciudadanos.

c) Los de transparencia y participación.

d) Los de cooperación y colaboración.

**9. Las Administraciones Públicas se relacionarán entre sí y con sus órganos, organismos públicos y entidades vinculados o dependientes, conforme al artículo 3.2 de la Ley 40/2015, de 1 de octubre, de Régimen Jurídico del Sector Público:**

a) A través de medios electrónicos.

b) A través de medios electrónicos, que aseguren la interoperabilidad y seguridad de los sistemas y soluciones adoptadas por cada una de ellas garantizando la protección de los datos de carácter personal, y facilitando preferentemente la prestación conjunta de servicios a los interesados.

c) Directamente y sin dilación garantizando la protección de los datos de carácter personal, y facilitarán preferentemente la prestación conjunta de servicios a los interesados.

d) Preferentemente a través de medios electrónicos, que aseguren la prestación conjunta de servicios a los interesados.

**10. ¿Cuál de las siguientes respuestas es correcta, de acuerdo con lo dispuesto en el artículo 3.4 de la Ley 40/2015, de 1 de octubre, de Régimen Jurídico del Sector Público?**

a) Cada Administración Pública actúa para el cumplimiento de sus fines con personalidad jurídica única.

b) Las Administraciones Públicas se configuran como órganos territoriales.

c) Las Administraciones Públicas están integradas por entes locales.

d) Cada Administración instrumental actúa para el cumplimiento de sus fines con personalidad jurídica única.

**11. De los siguientes, ¿cuál no es un requisito exigido para la creación de cualquier órgano administrativo?**

a) Determinación de su forma de integración en la Administración Pública de que se trate y su dependencia jerárquica.

b) Delimitación de sus funciones y competencias.

c) Dotación de los créditos necesarios para su puesta en marcha y funcionamiento.

d) Identificación de los órganos con los que vayan a causar duplicación de competencias.

**12. En cuanto a la competencia de los órganos administrativos:**

a) La competencia es renunciable por los órganos que la tengan atribuida.

b) La titularidad y el ejercicio de las competencias atribuidas a los órganos administrativos no podrán ser desconcentradas en otros jerárquicamente dependientes de aquellos.

c) La encomienda de gestión, la delegación de firma y la suplencia no suponen alteración de la titularidad de la competencia, aunque sí de los elementos determinantes de su ejercicio que en cada caso se prevén.

d) Si alguna disposición atribuye competencia a una Administración, sin especificar el órgano que debe ejercerla, se entenderá que la facultad de instruir y resolver los expedientes corresponde a los órganos superiores competentes por razón de la materia y del territorio.

**13. En referencia a los órganos administrativos, podrán delegar competencias relativas a:**

a) Asuntos que se refieran a relaciones con la Jefatura del Estado.

b) La adopción de disposiciones de carácter general.

c) La resolución de recursos en los órganos administrativos que hayan dictado los actos objeto de recurso.

d) El ejercicio de la potestad sancionadora.

**14. En relación a la delegación de competencias entre órganos administrativos, no es cierto que:**

a) La delegación puede ser revocada en cualquier momento por el órgano que la haya conferido.

b) La delegación de competencias atribuidas a órganos colegiados, para cuyo ejercicio ordinario se requiera un quórum especial, deberá adoptarse observando, en todo caso, dicho quórum.

c) Las competencias que se ejercen por delegación pueden ser delegadas.

d) No podrán ser delegadas aquellas materias en que así se determine por norma con rango de ley.

**15. En cuanto a la delegación de firma, es cierto que:**

a) La delegación de firma altera la competencia del órgano delegante.

b) Para su validez es necesaria su publicación.

c) Solo puede delegarse la firma en materias que se ostenten por atribución.

d) En las resoluciones y actos que se firmen por delegación se hará constar la autoridad de procedencia.

**16. En relación a los conflictos de atribuciones entre órganos administrativos, no es cierto que:**

a) El órgano administrativo que se estime incompetente para la resolución de un asunto remitirá directamente las actuaciones al órgano que considere competente.

b) Los interesados que sean parte en el procedimiento podrán dirigirse al órgano que se encuentre conociendo de un asunto para que decline su competencia y remita las actuaciones al órgano competente.

c) Los interesados podrán dirigirse al órgano que estimen competente para que requiera de inhibición al que esté conociendo del asunto.

d) Los conflictos de atribuciones solo podrán suscitarse entre órganos de una misma Administración relacionados jerárquicamente.

**17. En relación a las instrucciones y órdenes de servicio, no es cierto que:**

a) El incumplimiento de las instrucciones u órdenes de servicio supone la invalidez de los actos dictados por los órganos administrativos.

b) Son normas de carácter interno, que no han de afectar a los administrados.

c) No requieren un especial procedimiento de elaboración.

d) Su cumplimiento se subordina al conocimiento de las mismas por sus destinatarios.

**18. Señala la opción incorrecta. Las autoridades y el personal al servicio de las Administraciones se abstendrán de intervenir en el procedimiento:**

a) Cuando tengan interés personal en el asunto de que se trate o en otro en cuya resolución pudiera influir la de aquel.

b) Si tienen parentesco de consanguinidad o de afinidad dentro del cuarto grado, con cualquiera de los interesados.

c) Tener amistad íntima con los administradores de entidades o sociedades interesadas o con los asesores, representantes legales o mandatarios que intervengan en el procedimiento.

d) Haber tenido intervención como perito o como testigo en el procedimiento de que se trate.

**19. Señala la opción correcta en relación con la abstención en el procedimiento:**

a) La actuación de autoridades y personal al servicio de las Administraciones Públicas en los que concurran motivos de abstención implicará, necesariamente, la invalidez de los actos en que hayan intervenido.

b) Los órganos jerárquicamente superiores podrán ordenar a las personas en quienes se dé alguna de las circunstancias señaladas en el art. 23 de la LRJSP que se abstengan de toda intervención en el expediente.

c) La no abstención en los casos en que proceda no dará lugar a responsabilidad.

d) La enemistad manifiesta no es motivo de abstención en el procedimiento de una autoridad de la Administración Pública.

**20. En lo concerniente a la recusación, a la que se refiere el art. 24 de la LRJSP:**

a) La recusación deberá promoverse por los interesados antes de que se inicie la tramitación del procedimiento.

b) La recusación se planteará por escrito en el que se expresará la causa o causas en que se funda.

c) Si el recusado niega la causa de recusación, el superior resolverá en el plazo de tres meses, previos los informes y comprobaciones que considere oportunos.

d) Contra las resoluciones adoptadas en esta materia cabe recurso de alzada.

**21. Los órganos administrativos podrán dirigir las actividades de sus órganos jerárquicamente dependientes mediante:**

a) Instrucciones y Órdenes de servicio.

b) Circulares.

c) Notas de servicio y Recomendaciones.

d) Directrices y Avisos.

**22. Según el artículo 7 de la LRJSP, la Administración consultiva podrá articularse a través de los servicios de la Administración activa que prestan asistencia jurídica. En tal caso, dichos servicios:**

a) Estarán sujetos a dependencia jerárquica orgánica pero no funcional.

b) No podrán recibir instrucciones, directrices o cualquier clase de indicación de los órganos que hayan elaborado las disposiciones o producido los actos objeto de consulta.

c) Podrán actuar como órganos individuales o como órganos colegiados.

d) Podrán suponer duplicación de otros ya existentes para tener la posibilidad de contrastar pareceres.

# Solución al test n.º 3

**1.** a) Establecer los principios del sistema de responsabilidad de las Administraciones Públicas y de la potestad sancionadora.

**2.** c) Las Universidades Públicas.

**3.** c) Eficacia, jerarquía, descentralización, desconcentración y coordinación, con sometimiento pleno a la Constitución, a la Ley y al Derecho.

**4.** c) Buena fe, confianza legítima y lealtad institucional.

**5.** c) Participación, subjetividad y transparencia de la actuación administrativa.

**6.** d) Todas las respuestas son correctas.

**7.** c) El principio de seguridad jurídica.

**8.** a) Buena fe, confianza legítima y lealtad institucional.

**9.** b) A través de medios electrónicos, que aseguren la interoperabilidad y seguridad de los sistemas y soluciones adoptadas por cada una de ellas, garantizando la protección de los datos de carácter personal, y facilitando preferentemente la prestación conjunta de servicios a los interesados.

**10.** a) Cada Administración Pública actúa para el cumplimiento de sus fines con personalidad jurídica única.

**11.** d) Identificación de los órganos con los que vayan a causar duplicación de competencias.

**12.** c) La encomienda de gestión, la delegación de firma y la suplencia no suponen alteración de la titularidad de la competencia, aunque sí de los elementos determinantes de su ejercicio que en cada caso se prevén.

**13.** d) El ejercicio de la potestad sancionadora.

**14.** c) Las competencias que se ejercen por delegación pueden ser delegadas.

**15.** d) En las resoluciones y actos que se firmen por delegación se hará constar la autoridad de procedencia.

**16.** d) Los conflictos de atribuciones sólo podrán suscitarse entre órganos de una misma Administración relacionados jerárquicamente.

**17.** a) El incumplimiento de las instrucciones u órdenes de servicio supone la invalidez de los actos dictados por los órganos administrativos.

**18.** b) Si tienen parentesco de consanguinidad o de afinidad dentro del cuarto grado, con cualquiera de los interesados.

**19.** b) Los órganos jerárquicamente superiores podrán ordenar a las personas en quienes se dé alguna de las circunstancias señaladas en el art. 23 de la LRJSP que se abstengan de toda intervención en el expediente.

**20.** b) La recusación se planteará por escrito en el que se expresará la causa o causas en que se funda.

**21.** a) Instrucciones y Órdenes de servicio.

**22.** b) No podrán recibir instrucciones, directrices o cualquier clase de indicación de los órganos que hayan elaborado las disposiciones o producido los actos objeto de consulta.

**La Ley 40/2015, de 1 de octubre, del Régimen Jurídico del Sector Público. Capítulo V: Funcionamiento electrónico del sector público. Resolución de 20 de octubre de 2016, del rectorado de la Universidad de Salamanca por la que se publica el reglamento para la aplicación en la universidad de la Ley 39/2015, de 1 de octubre, del procedimiento administrativo común de las administraciones públicas y de la Ley 40/2015, de 1 de octubre, sobre régimen jurídico del sector público**

**1. ¿Cuál es el órgano técnico de cooperación de la Administración General del Estado, de las Administraciones de las Comunidades Autónomas y de las Entidades Locales en materia de administración electrónica?**

a) El Consejo Técnico de Cooperación de administración electrónica.
b) La Comisión Sectorial de administración electrónica.
c) La Conferencia Sectorial de Administración Pública.
d) El Comité Sectorial de administración electrónica.

**2. ¿De quién depende la Comisión Sectorial de Administración Electrónica a tenor de la Ley 40/2015, de 1 de octubre, de Régimen Jurídico del Sector Público?**

a) De la Federación Española de Municipios y Provincias.
b) De la Secretaría General de Administración Digital.
c) De la Conferencia Sectorial de Administración Pública.
d) Del Secretario General de Administración Digital del Ministerio para la Transformación Digital y de la Función Pública.

**3. Señala una de las funciones que desarrolla la Comisión Sectorial de la administración electrónica:**

a) Impulsar el desarrollo de la administración electrónica en España.
b) Asegurar la cooperación entre las Administraciones Públicas para proporcionar información administrativa clara, actualizada e inequívoca.

c) Asegurar la compatibilidad e interoperabilidad de los sistemas y aplicaciones empleados por las Administraciones Públicas.

d) Todas las respuestas son correctas.

**4. ¿Cómo se denomina, a tenor del art. 39 de la Ley 40/2015, de 1 de octubre, de Régimen Jurídico del Sector Público, al punto de acceso electrónico cuya titularidad corresponda a una Administración Pública, organismo público o entidad de Derecho Público que permite el acceso a través de internet a la información publicada y, en su caso, a la sede electrónica correspondiente?**

a) Portal web.
b) Punto de acceso de internet.
c) Portal electrónico digital.
d) Portal de internet.

**5. ¿Dónde se regulan los aspectos estrictamente procedimentales del funcionamiento electrónico del sector público?**

a) En la Ley 39/2015, de 1 de octubre, del Procedimiento Administrativo Común de las Administraciones Públicas.

b) En la Ley 40/2015, de 1 de octubre, de Régimen Jurídico del Sector Público.

c) En la Ley 56/2007, de 28 de diciembre, de Medidas de Impulso de la Sociedad de la Información.

d) En la Ley 6/2020, de 11 de noviembre, reguladora de determinados aspectos de los servicios electrónicos de confianza.

**6. ¿Cuál de los siguientes datos deberán de incluir los certificados electrónicos que utilicen las Administraciones Públicas para identificarse mediante el uso de un sello electrónico?**

a) La denominación correspondiente.
b) El número de identificación fiscal.
c) La identidad de la persona titular en el caso de los sellos electrónicos de órganos administrativos.
d) Todas las respuestas anteriores son correctas.

**7. Cualquier acto o actuación realizada íntegramente a través de medios electrónicos por una Administración Pública en el marco de un procedimiento administrativo y en la que no haya intervenido de forma directa un empleado público, se denomina a tenor del art. 41 de la Ley 40/2015, de 1 de octubre, de Régimen Jurídico del Sector Público, como:**

a) Actuación administrativa electrónica.
b) Actuación administrativa digital.
c) Actuación administrativa automatizada.
d) Actuación administrativa virtual.

**8. Señala la respuesta incorrecta respecto al intercambio electrónico de datos en entornos cerrados de comunicación:**

a) Cuando los participantes en las comunicaciones pertenezcan a una misma Administración Pública, esta determinará las condiciones y garantías por las que se regirá.

b) Deberá garantizarse en todo caso la seguridad del entorno cerrado de comunicaciones y la protección de los datos que se transmitan.

c) Serán considerados válidos a efectos de autenticación los documentos electrónicos transmitidos en entornos cerrados de comunicaciones establecidos entre Administraciones Públicas, órganos, organismos públicos y entidades de derecho público, aunque no lo serán a efectos de identificación de los emisores y receptores.

d) Cuando los participantes pertenezcan a distintas Administraciones, las condiciones y garantías para el intercambio electrónico de datos se establecerán mediante convenio suscrito entre aquellas.

**9. Los medios o soportes en que se almacenen documentos, deberán contar con medidas de seguridad, de acuerdo con lo previsto en el Esquema Nacional de Seguridad, que garanticen respecto de los documentos almacenados:**

a) La integridad, autenticidad, confidencialidad, seguridad y conservación de los documentos.

b) La integridad, autenticidad, confidencialidad, calidad, garantía y conservación de los documentos.

c) La integridad, autenticidad, confidencialidad, calidad, protección y conservación de los documentos.

d) La invulnerabilidad, autenticidad, confidencialidad, calidad, seguridad y conservación de los documentos.

**10. Constituye el punto de acceso para el establecimiento de relaciones electrónicas con la Universidad de la Universidad y para la obtención de información del funcionamiento del sistema de administración electrónica de la Universidad de Salamanca:**

a) Las Oficinas del Registro Único de la Universidad de Salamanca.

b) La Sede Electrónica de la Universidad de Salamanca.

c) La Secretaría General de la Universidad.

d) Todas las respuestas son correctas.

**11. ¿Cuál es el órgano responsable de garantizar la disponibilidad de la Sede Electrónica de la Universidad de Salamanca?**

a) La Secretaría General.

b) El Rectorado.

c) La Gerencia de la Universidad.

d) La Comisión de Administración Electrónica de la Universidad de Salamanca.

**12. ¿Quién preside la Comisión de Administración Electrónica de la Universidad de Salamanca?**

a) El Rector.
b) El Vicerrector.
c) El Secretario General.
d) El Gerente.

**13. ¿A quién corresponde determinar la periodicidad efectiva del Boletín Oficial de la Universidad de Salamanca, de acuerdo con el volumen de información que se tenga que publicar, la urgencia y otros requerimientos derivados de la actividad universitaria?**

a) Al Rector.
b) Al Gerente.
c) A la Secretaría General.
d) Al Vicerrector.

**14. Señala la respuesta incorrecta de la Comisión de Administración Electrónica de la Universidad de Salamanca:**

a) Uno de los miembros de la Comisión es el Vicerrector responsable de las infraestructuras tecnológicas.
b) El Presidente de la Comisión podrá invitar a asistir a las sesiones, con voz y voto, a las personas que considere conveniente a la vista de la naturaleza de los asuntos que conformen el orden del día.
c) La Comisión de Administración Electrónica es el órgano colegiado asesor de la Secretaría General en materia de administración electrónica.
d) La Comisión de Administración Electrónica elevará al Consejo de Gobierno un informe anual sobre el estado de implantación de los servicios electrónicos en la gestión administrativa de la Universidad de Salamanca.

**15. Indica una de las funciones de la Comisión de Administración Electrónica de la Universidad de Salamanca:**

a) Emitir informes sobre los programas y aplicaciones que se utilicen para implementar los procedimientos de la administración electrónica de la Universidad de Salamanca.
b) Proponer la realización de cursos de formación que guarden relación con la administración electrónica.
c) Elaborar un informe anual que será elevado al Consejo de Gobierno sobre las actuaciones más relevantes de la Comisión.
d) Todas las respuestas son correctas.

**16. ¿A quién corresponde determinar la composición y número de miembros de los grupos de trabajo que en coordinación con la Comisión de Administración Electrónica pueden existir?**

a) Al Rector.
b) A la propia Comisión.

c) Al Gerente.

d) Al Consejo de Gobierno de la Universidad de Salamanca.

**17. ¿En qué registro se han de inscribir, previo bastanteo por el Área Jurídica de la Universidad, los poderes de carácter general que otorguen los interesados para realizar trámites en los procedimientos en los que sea parte la Universidad de Salamanca?**

a) En el Registro Electrónico General de la Universidad de Salamanca.

b) En el Registro de funcionarios de la Universidad de Salamanca habilitados para la identificación y firma por autorización y la expedición de copias auténticas.

c) En el Registro de Apoderamientos de la Universidad de Salamanca.

d) En el Registro Jurídico de Apoderamientos Generales de la Universidad de Salamanca.

**18. Sin perjuicio de la supervisión que de los Registros sectoriales realicen los responsables de los Centros, Escuelas u órganos a los que estos Registros se refieran, el Registro Electrónico General y los demás Registros creados al amparo del Reglamento están bajo la supervisión general de:**

a) El Rector de la Universidad de Salamanca.

b) La Secretaría General de la Universidad de Salamanca.

c) El Gerente.

d) El Consejo de Gobierno de la Universidad.

**19. Señala la respuesta incorrecta respecto al funcionamiento del Registro Electrónico General de la Universidad de Salamanca:**

a) Los plazos expresados en minutos no podrán tener una duración superior a 60 minutos, en cuyo caso se expresarán en horas.

b) Se consideran días hábiles los sábados, salvo a efectos académicos, pero no así los domingos ni los declarados festivos en el municipio de Salamanca.

c) No se considerarán hábiles los días que lo sean en el municipio de residencia del interesado o en el de la sede de otra Administración Pública, pero no lo sean en el municipio de Salamanca.

d) Salvo que una ley establezca lo contrario, el cómputo de plazos por días se realizará teniendo en cuenta los días hábiles.

**20. La falta de incorporación por el interesado de los documentos necesarios para tramitar la solicitud válidamente presentada, o el repudio de todos o algunos de estos documentos por el Registro, podrá ser subsanada en el plazo de:**

a) 30 días desde la notificación del requerimiento de subsanación.

b) 20 días desde la notificación del requerimiento de subsanación.

c) 10 días desde la notificación del requerimiento de subsanación.

d) 7 días desde la notificación del requerimiento de subsanación.

**21. ¿En qué título del Reglamento se regulan las herramientas del Sistema de Administración Electrónica?**

a) En el Título I.
b) En el Título II.
c) En el Título III.
d) En el Título IV.

**22. La sede electrónica facilitará el acceso a los siguientes servicios e informaciones:**

a) Perfil del contratante de la Universidad.
b) Punto de acceso a la carpeta personal.
c) Boletín Oficial de la Universidad de Salamanca.
d) Todas las respuestas son correctas.

**23. ¿A quién corresponde la coordinación, elaboración y publicación del Boletín Oficial de la Universidad de Salamanca?**

a) Al Rector.
b) Al Vicerrector.
c) A la Secretaría General.
d) A la Gerencia.

**24. Como regla general, el Boletín Oficial de la Universidad de Salamanca tiene, durante el período lectivo, periodicidad:**

a) Semestral.
b) Trimestral.
c) Bimensual.
d) Mensual.

**25. Actuará como secretario de la Comisión de Administración Electrónica de la Universidad de Salamanca:**

a) El Director de Archivos.
b) Un asesor técnico del Área de Informática.
c) El Director de los Servicios Informáticos.
d) El Gerente.

**26. Señala la respuesta incorrecta respecto al Boletín Oficial de la Universidad de Salamanca:**

a) Los ejemplares del Boletín Oficial de la Universidad de Salamanca están numerados cardinalmente y siguen el correspondiente orden cronológico. La numeración se reinicia cada curso académico.
b) Se publica electrónicamente en la sede electrónica de la Universidad e incorpora sistemas de firma o sello electrónico que garantizan su autenticidad e integridad.

c) El Boletín Oficial debe estar accesible electrónicamente en la fecha que figure en la cabecera de cada ejemplar, la cual es considerada fecha de publicación.

d) Se debe asegurar en todo caso la publicación de un Boletín después de cada sesión ordinaria del Consejo de Gobierno.

**27. La Comisión de Administración Electrónica de la Universidad de Salamanca se reunirá al menos:**

a) Una vez al mes.
b) Una vez al trimestre.
c) Tres veces por semestre.
d) Una vez al semestre.

**28. La convocatoria de la Comisión de Administración Electrónica de la Universidad de Salamanca se enviará a los correos electrónicos expresamente indicados por sus miembros con una antelación mínima de:**

a) Veinte días hábiles.
b) Quince días naturales.
c) Siete días hábiles.
d) Cinco días naturales.

**29. ¿Cuántos miembros del Área Jurídica forman parte de la Comisión de Administración Electrónica?**

a) Ninguno.
b) Uno.
c) Dos.
d) Tres.

**30. ¿A quién corresponde proponer las líneas de actuación que han de seguirse para la incorporación de nuevas herramientas e instrumentos para el desarrollo del procedimiento administrativo electrónico, incluyendo un orden de prioridad para su implantación?**

a) Al Rector.
b) Al Claustro Universitario.
c) Al Consejo de Gobierno de la Universidad.
d) A la Comisión de Administración Electrónica.

**31. La válida presentación de un documento en el Registro Electrónico General de la Universidad de Salamanca generará un asiento de presentación que reflejará:**

a) La persona u órgano administrativo al que se envía.
b) La fecha y hora de presentación.
c) La identificación del interesado.
d) Todas las respuestas son correctas.

**32. ¿Con qué periodicidad elaborarán las oficinas de asistencia de la Universidad de Salamanca en materia de registro un informe dirigido a la Secretaría General en el que darán cuenta de su actividad con indicación, en su caso, de propuestas o solicitudes de mejora del funcionamiento del sistema de administración electrónica a la vista de las consultas y peticiones de asistencia recibidas?**

a) Al menos, semestral.
b) Al menos, trimestral.
c) Una vez al mes.
d) Tres veces al año.

**33. Señala la respuesta incorrecta:**

a) Con independencia de que la notificación se realice en papel o por medios electrónicos, la Universidad enviará un aviso a la dirección de correo electrónico del interesado que este haya comunicado en su solicitud, informándole de la puesta a disposición de una notificación en la sede electrónica de la Universidad.

b) La Universidad de Salamanca admitirá como medio de firma los sistemas de firma en la nube proporcionados por la plataforma Cl@ve.

c) Como regla general, el silencio administrativo tendrá efectos desestimatorios en los procedimientos iniciados a solicitud de interesado.

d) La notificación electrónica se entenderá practicada cuando el interesado o su representante accedan al contenido de la notificación puesta a su disposición en la sede electrónica.

**34. Únicamente podrán establecerse trámites o procedimientos distintos de los previstos en el Reglamento para la aplicación en la Universidad de Salamanca de la Ley 39/2015, de 1 de octubre, del Procedimiento Administrativo Común de las Administraciones Públicas, y de la Ley 40/2015, de 1 de octubre, sobre Régimen Jurídico del Sector Público, mediante:**

a) Resolución expresa del Rector de la Universidad.
b) Acuerdo del Claustro Universitario.
c) Acuerdo del Consejo de Gobierno de la Universidad.
d) Resolución expresa del Secretario General de la Universidad.

# Solución al test n.º 4

**1.** b) La Comisión Sectorial de administración electrónica.

**2.** c) De la Conferencia Sectorial de Administración Pública.

**3.** d) Todas las respuestas son correctas.

**4.** d) Portal de internet.

**5.** a) En la Ley 39/2015, de 1 de octubre, del Procedimiento Administrativo Común de las Administraciones Públicas.

**6.** d) Todas las respuestas anteriores son correctas.

**7.** c) Actuación administrativa automatizada.

**8.** c) Serán considerados válidos a efectos de autenticación los documentos electrónicos transmitidos en entornos cerrados de comunicaciones establecidos entre Administraciones Públicas, órganos, organismos públicos y entidades de derecho público, aunque no lo serán a efectos de identificación de los emisores y receptores.

**9.** c) La integridad, autenticidad, confidencialidad, calidad, protección y conservación de los documentos.

**10.** b) La Sede Electrónica de la Universidad de Salamanca.

**11.** a) La Secretaría General.

**12.** c) El Secretario General.

**13.** c) A la Secretaría General.

**14.** b) El Presidente de la Comisión podrá invitar a asistir a las sesiones, con voz y voto, a las personas que considere conveniente a la vista de la naturaleza de los asuntos que conformen el orden del día.

**15.** d) Todas las respuestas son correctas.

**16.** a) Al Rector.

**17.** c) En el Registro de Apoderamientos de la Universidad de Salamanca.

**18.** b) La Secretaría General de la Universidad de Salamanca.

**19.** b) Se consideran días hábiles los sábados, salvo a efectos académicos, pero no así los domingos ni los declarados festivos en el municipio de Salamanca.

**20.** c) 10 días desde la notificación del requerimiento de subsanación.

**21.** b) En el Título II.

**22.** d) Todas las respuestas son correctas.

**23.** c) A la Secretaría General.

**24.** d) Mensual.

**25.** b) Un asesor técnico del Área de Informática.

**26.** a) Los ejemplares del Boletín Oficial de la Universidad de Salamanca están numerados cardinalmente y siguen el correspondiente orden cronológico. La numeración se reinicia cada curso académico.

**27.** d) Una vez al semestre.

**28.** d) Cinco días naturales.

**29.** b) Uno.

**30.** d) A la Comisión de Administración Electrónica.

**31.** d) Todas las respuestas son correctas.

**32.** a) Al menos, semestral.

**33.** c) Como regla general, el silencio administrativo tendrá efectos desestimatorios en los procedimientos iniciados a solicitud de interesado.

**34.** c) Acuerdo del Consejo de Gobierno de la Universidad.

# TEST N.º 5

**La Ley 19/2013, de 9 de diciembre, de transparencia, acceso a la información pública y buen gobierno. Título I: Transparencia de la actividad pública. Resolución de 2 de enero de 2020, del Rectorado de la Universidad de Salamanca, por la que se publica el Código ético y de buen gobierno de la Universidad de Salamanca**

**1. Aquel Gobierno que promueve una comunicación y un diálogo de calidad con los ciudadanos con el fin de facilitar su participación y colaboración en las políticas públicas, que garantiza la información y la transparencia de su actuación para fomentar la rendición de cuentas, y que diseña sus estrategias en un marco de gobernanza multinivel, se denomina:**

a) Gobierno transparente.
b) Gobierno electrónico.
c) Gobierno social.
d) Gobierno abierto.

**2. La cualidad que permite y facilita el acceso de los ciudadanos a la información pública en poder de la Administración dentro de los límites establecidos por la legislación vigente, se conoce como:**

a) Accesibilidad.
b) Transparencia.
c) Objetividad.
d) Buen gobierno.

**3. A tenor del artículo 3 de la Ley 19/2013, qué parte de esta ley es de aplicación a los partidos políticos:**

a) El título I, referido a la transparencia de la actividad pública.
b) Del título I, el capítulo III referido al derecho de acceso a la información pública.
c) La Ley en su totalidad.
d) Del título I, el capítulo II, referido a la publicidad activa.

**4. En virtud del artículo 5.3 de la Ley 19/2013, cuando la información pública contuviera datos especialmente protegidos, la publicidad sólo se llevará a cabo:**

a) Previa disociación de los mismos.
b) Previo consentimiento de los afectados.
c) De forma personalizada.
d) De forma codificada.

**5. Según el artículo 5.4 de la Ley 19/2013, la información sujeta a las obligaciones de transparencia será publicada en las correspondientes sedes electrónicas o páginas web y de una manera clara, estructurada y entendible para los interesados y, preferiblemente:**

a) En formatos reutilizables.
b) En diferentes idiomas.
c) En la página de inicio.
d) Codificada.

**6. En relación a la información institucional, organizativa y de planificación, el artículo 6 de la Ley 19/2013 dispone que:**

a) Todos los empleados públicos deberán publicar información relativa a las funciones que desarrollan.
b) Las Administraciones Públicas publicarán los planes y programas anuales y plurianuales en los que se fijen objetivos concretos, así como las actividades, medios y tiempo previsto para su consecución.
c) El grado de cumplimiento y resultados de los planes y programas anuales y plurianuales de las Administraciones Públicas en los que se fijen objetivos concretos deberán ser objeto de evaluación y publicación periódica junto con los indicadores de medida y valoración, en la forma en que se determine por la Administración General del Estado.
d) En el ámbito de la Administración General del Estado corresponde a las secretarías generales la evaluación del cumplimiento de estos planes y programas.

**7. Según el artículo 7 de la Ley 19/2013, de 9 de diciembre, de transparencia, acceso a la información pública y buen gobierno, relativo a la información de relevancia jurídica:**

a) Las Administraciones Públicas, en el ámbito de sus competencias, publicarán los proyectos de Reglamento cuya iniciativa les corresponda.
b) Las Administraciones Públicas, en el ámbito de sus competencias, no publicarán los proyectos de Reglamento cuya iniciativa les corresponda.
c) Las Administraciones Públicas, en el ámbito de sus competencias, no podrán publicar los Anteproyectos de Ley hasta su aprobación.
d) Las Administraciones Públicas no podrán publicar los proyectos de Decretos Legislativos cuando se soliciten los dictámenes a los órganos consultivos.

**8. Según el artículo 8.1 de la Ley 19/2013, la información relativa a los contratos menores:**

a) Deberá realizarse mensualmente.
b) Deberá realizarse trimestralmente.
c) Podrá realizarse trimestralmente.
d) Podrá realizarse semestralmente.

**9. El Portal de la Transparencia contendrá información publicada de acuerdo con las prescripciones técnicas que se establezcan reglamentariamente que deberán adecuarse a los siguientes principios. Señale la respuesta incorrecta:**

a) Accesibilidad.
b) Interoperabilidad.
c) Control.
d) Reutilización.

**10. En virtud del artículo 11 de la Ley 19/2013, de 9 de diciembre, de transparencia, acceso a la información pública y buen gobierno, el Portal de la Transparencia proporcionará información estructurada sobre los documentos y recursos de información con vistas a facilitar la identificación y búsqueda de la información, en base al principio de:**

a) Interoperabilidad.
b) Accesibilidad.
c) Reutilización.
d) Disponibilidad.

**11. La iniciativa normativa de las Administraciones Públicas debe evitar cargas administrativas innecesarias o accesorias y racionalizar la gestión de los recursos públicos, en aplicación del principio de:**

a) Accesibilidad.
b) Eficacia.
c) Simplicidad.
d) Seguridad jurídica.

**12. La transparencia de la actividad pública, respecto a la casa de su Majestad el Rey:**

a) No se aplica.
b) Se aplica en todas sus actividades.
c) Se aplica en sus actividades sujetas al Derecho Administrativo.
d) Se aplica solo en sus actividades de índole política.

**13. Qué define el artículo 13 de la Ley 19/2013 como, los contenidos o documentos, cualquiera que sea su formato o soporte, que obren en poder de alguno de los sujetos incluidos en el ámbito de aplicación de este título (título I) y que hayan sido elaborados o adquiridos en el ejercicio de sus funciones:**

a) La información pública.
b) La publicidad activa.
c) La información de relevancia jurídica.
d) La información general.

**14. A menos que el afectado hubiese hecho manifiestamente públicos los datos con anterioridad a que se solicitase el acceso, el acceso únicamente se podrá autorizar en caso de que se contase con el consentimiento expreso y por escrito del afectado, cuando:**

a) La información contuviera datos personales que revelen la ideología, afiliación sindical, religión o creencias.
b) La información incluyese datos personales que hagan referencia al origen racial, a la salud o a la vida sexual.
c) La información contuviera datos relativos a la comisión de infracciones penales o administrativas que no conllevasen la amonestación pública al infractor.
d) La información incluyese datos genéticos o biométricos.

**15. Si la información pública solicitada incluyese datos personales que hagan referencia a la salud:**

a) Sólo se concederá el acceso previa ponderación suficientemente razonada del interés público en la divulgación de la información y los derechos de los afectados cuyos datos aparezcan en la información solicitada.
b) Solo podrá autorizarse el acceso al propio afectado o a su representante.
c) Solo se podrá autorizar el acceso en caso de que se cuente con el consentimiento expreso del afectado.
d) Solo se podrá autorizar el acceso en caso de que se cuente con el consentimiento expreso del afectado o si el acceso estuviera amparado por una norma con rango de ley.

**16. Según lo previsto en el artículo 18 de la Ley 19/2013, de 9 de diciembre, de transparencia, acceso a la información pública y buen gobierno, se inadmitirán a trámite, mediante resolución motivada, las solicitudes de acceso a la información:**

a) Relativas a los intereses económicos y turísticos.
b) Relativas a la garantía de la confidencialidad o el secreto requerido en procesos de toma de decisión.
c) Relativas a información para cuya divulgación sea necesaria una acción previa de reelaboración.
d) Relativas a infraestructuras críticas.

**17. No es una causa de inadmisión de las solicitudes de acceso a la información pública:**

a) Que se refieran a información que esté en curso de elaboración o de publicación general.
b) Que se dirijan a un órgano en cuyo poder no obre la información.
c) Que sean manifiestamente repetitivas.
d) Que se refieran a información para cuya divulgación sea necesaria una acción previa de reelaboración.

**18. Cuando la solicitud de información pública no identifique de forma suficiente la información, se pedirá al solicitante que la concrete en un plazo de:**

a) 10 días.
b) 15 días.
c) 20 días.
d) 30 días.

**19. En relación a la solicitud de acceso a la información pública, es cierto que:**

a) Los solicitantes de información podrán dirigirse a las Administraciones Públicas en cualquiera de las lenguas cooficiales del Estado en el territorio en el que radique la Administración en cuestión.
b) El solicitante está obligado a motivar su solicitud de acceso a la información.
c) El solicitante podrá exponer los motivos por los que solicita la información, en cuyo caso deberán ser tenidos en cuenta cuando se dicte la resolución.
d) La ausencia de motivación será por si sola causa de rechazo de la solicitud.

**20. Conforme al artículo 18.1 de la Ley 19/2013, las solicitudes referidas a información que tenga carácter auxiliar o de apoyo como la contenida en notas, borradores, opiniones, resúmenes, comunicaciones e informes internos o entre órganos o entidades administrativas:**

a) Están obligadas a indicar el motivo de la solicitud.
b) Se admitirán previa ponderación suficientemente razonada del interés público en la divulgación de la información.
c) Se inadmitirán a trámite, mediante resolución motivada.
d) Se entenderán dotadas de un carácter abusivo no justificado con la finalidad de transparencia de esta Ley.

**21. Según el artículo 19.3 de la Ley 19/2013, si la información solicitada pudiera afectar a derechos o intereses de terceros, debidamente identificados, se les concederá un plazo, para que puedan realizar las alegaciones que estimen oportunas, de:**

a) Siete días.
b) Diez días.

c) Quince días.
d) Veinte días.

**22. La resolución en la que se conceda o deniegue el acceso a información pública deberá notificarse al solicitante y a los terceros afectados que así lo hayan solicitado en el plazo máximo, desde la recepción de la solicitud por el órgano competente para resolver, de:**

a) 10 días.
b) 15 días.
c) 20 días.
d) 1 mes.

**23. El acceso a la información pública se realizará preferentemente por vía electrónica, salvo cuando no sea posible o el solicitante haya señalado expresamente otro medio. Cuando no pueda darse el acceso en el momento de la notificación de la resolución deberá otorgarse, en cualquier caso, en un plazo no superior a:**

a) 5 días.
b) 7 días.
c) 10 días.
d) 15 días.

**24. La motivación de una solicitud de acceso a la información, según la Ley 19/2013:**

a) Es requisito ineludible para que se facilite la información.
b) Será causa de rechazo de la solicitud.
c) Las dos respuestas anteriores son ciertas.
d) Se deja a la decisión del solicitante.

**25. El acceso a la información pública requiere:**

a) Solicitud previa.
b) Acreditación de la condición de interesado.
c) Motivación expresa.
d) La utilización de medios telemáticos.

**26. Cuando la información pública solicitada no contuviera datos especialmente protegidos, el órgano al que se dirija la solicitud concederá el acceso previa ............. suficientemente razonada del interés público en la divulgación de la información y los derechos de los afectados cuyos datos aparezcan en la información solicitada, en particular su derecho fundamental a la protección de datos de carácter personal. Señala la palabra que falta:**

a) Catalogación.
b) Acreditación.

c) Ponderación.
d) Identificación.

**27. Transcurrido el plazo máximo para resolver una solicitud de acceso a información pública sin que se haya dictado y notificado resolución expresa se entenderá:**

a) Que la solicitud ha sido desestimada.
b) Que la solicitud se inadmitía a trámite.
c) Que el plazo para resolver queda prorrogado.
d) Que se suspende el plazo para dictar resolución.

**28. En relación a la formalización del acceso a información pública, es cierto que:**

a) El acceso a la información ha de realizarse por vía electrónica.
b) Si ha existido oposición de tercero, el acceso sólo tendrá lugar cuando, habiéndose concedido dicho acceso, haya transcurrido el plazo para interponer recurso contencioso administrativo sin que se haya formalizado o haya sido resuelto confirmando el derecho a recibir la información.
c) Si la información ya ha sido publicada, la resolución se ha de limitar a indicar al solicitante cómo puede acceder a ella.
d) En todo caso, la expedición de copias o la trasposición de la información a un formato diferente al original dará lugar a la exigencia de exacciones en los términos previstos en la Ley 8/1989, de 13 de abril, de Tasas y Precios Públicos, o, en su caso, conforme a la normativa autonómica o local que resulte aplicable.

**29. Frente a toda resolución expresa o presunta en materia de acceso podrá interponerse una reclamación ante el Consejo de Transparencia y Buen Gobierno, previo a su impugnación en vía contencioso-administrativa, con carácter:**

a) Preceptivo.
b) Potestativo.
c) Colectivo.
d) Extraordinario.

**30. Según el artículo 24 de la Ley 19/2013, frente a toda resolución expresa o presunta en materia de acceso podrá interponerse una reclamación ante el Consejo de Transparencia y Buen Gobierno, con carácter potestativo y previo a su impugnación en vía contencioso-administrativa, en el plazo, a contar desde el día siguiente al de la notificación del acto impugnado o desde el día siguiente a aquel en que se produzcan los efectos del silencio administrativo, de:**

a) Quince días.
b) Veinte días.
c) Un mes.
d) Tres meses.

**31. ¿Cuál es uno de los valores fundamentales que inspiran la misión de la Universidad de Salamanca?**

a) Competitividad económica.
b) Neutralidad política.
c) Justicia.
d) Productividad.

**32. ¿Qué principio ético establece el Código Ético y de Buen Gobierno de la USAL respecto al uso de recursos institucionales?**

a) Uso libre según criterio personal.
b) Uso proporcional a la finalidad perseguida.
c) Uso ilimitado en actividades docentes.
d) Uso exclusivo por personal directivo.

**33. ¿A quién se aplica el Código Ético y de Buen Gobierno de la USAL?**

a) A todas las personas con relación contractual con la Universidad.
b) Solo al Personal Docente.
c) Solo al alumnado.
d) Solo a los miembros del Consejo de Gobierno

**34. ¿Qué actitud se espera en las relaciones entre miembros de la comunidad universitaria según el Código?**

a) Cordialidad informal.
b) Distancia institucional.
c) Competencia profesional.
d) Conducta digna y respetuosa.

**35. ¿Cuál es el límite económico para aceptar regalos según el Código?**

a) 50 €.
b) 100 €.
c) 150 €.
d) No hay límite.

# Solución al test n.º 5

**1.** d) Gobierno abierto.

**2.** b) Transparencia.

**3.** d) Del título I, el capítulo II, referido a la publicidad activa.

**4.** a) Previa disociación de los mismos.

**5.** a) En formatos reutilizables.

**6.** b) Las Administraciones Públicas publicarán los planes y programas anuales y plurianuales en los que se fijen objetivos concretos, así como las actividades, medios y tiempo previsto para su consecución.

**7.** a) Las Administraciones Públicas, en el ámbito de sus competencias, publicarán los proyectos de Reglamento cuya iniciativa les corresponda.

**8.** c) Podrá realizarse trimestralmente.

**9.** c) Control.

**10.** b) Accesibilidad.

**11.** b) Eficacia.

**12.** c) Se aplica en sus actividades sujetas al Derecho Administrativo.

**13.** a) La información pública.

**14.** a) La información contuviera datos personales que revelen la ideología, afiliación sindical, religión o creencias.

**15.** d) Solo se podrá autorizar el acceso en caso de que se cuente con el consentimiento expreso del afectado o si el acceso estuviera amparado por una norma con rango de ley.

**16.** c) Relativas a información para cuya divulgación sea necesaria una acción previa de reelaboración.

**17.** b) Que se dirijan a un órgano en cuyo poder no obre la información.

**18.** a) 10 días.

**19.** a) Los solicitantes de información podrán dirigirse a las Administraciones Públicas en cualquiera de las lenguas cooficiales del Estado en el territorio en el que radique la Administración en cuestión.

**20.** c) Se inadmitirán a trámite, mediante resolución motivada.

**21.** c) Quince días.

**22.** d) 1 mes.

**23.** c) 10 días.

**24.** d) Se deja a la decisión del solicitante.

**25.** a) Solicitud previa.

**26.** c) Ponderación.

**27.** a) Que la solicitud ha sido desestimada.

**28.** b) Si ha existido oposición de tercero, el acceso sólo tendrá lugar cuando, habiéndose concedido dicho acceso, haya transcurrido el plazo para interponer recurso contencioso administrativo sin que se haya formalizado o haya sido resuelto confirmando el derecho a recibir la información.

**29.** b) Potestativo.

**30.** c) Un mes.

**31.** c) Justicia.

**32.** b) Uso proporcional a la finalidad perseguida.

**33.** a) A todas las personas con relación contractual con la Universidad.

**34.** d) Conducta digna y respetuosa.

**35.** b) 100 €.

# TEST N.º 6

**El Real Decreto Legislativo 5/2015, de 30 de octubre, por el que se aprueba el texto refundido de la Ley del Estatuto Básico del Empleado Público. Título I. Objeto y ámbito de aplicación.**
**Título II. Personal al servicio de las Administraciones Públicas.**
**Título III. Derechos y deberes. Título IV. Adquisición y pérdida de la relación de servicio. Título V. Ordenación de la actividad profesional.**
**Título VI. Situaciones Administrativas. Título VII. Régimen disciplinario**

**1. Según el artículo 1.3. del Texto Refundido de la Ley del Estatuto Básico del Empleado Público, uno de los fundamentos de actuación reflejados por el EBEP es el servicio a los ciudadanos y:**

a) A los intereses generales.
b) Al ordenamiento jurídico.
c) Al bienestar general.
d) A la Administración Pública.

**2. Se regirá por la legislación específica dictada por el Estado y por las comunidades autónomas en el ámbito de sus respectivas competencias y por lo previsto en el EBEP, excepto el capítulo II del título III (salvo el artículo 20), y los artículos 22.3, 24 y 84:**

a) El personal funcionario de las Universidades Públicas.
b) El personal funcionario y en lo que proceda el personal laboral al servicio de las Administraciones de las entidades locales.
c) El personal estatutario de los servicios de salud.
d) El personal funcionario y laboral al servicio de las Administraciones de las comunidades autónomas.

**3. El Estatuto Básico del Empleado Público tendrá carácter supletorio:**

a) Para el personal laboral al servicio de las Administraciones de las comunidades autónomas.
b) Para el personal docente.

c) Para el personal estatutario de los servicios de salud.

d) Para todo el personal de las Administraciones Públicas no incluido en su ámbito de aplicación.

**4. El EBEP contiene:**

a) Aquello que es común al conjunto de los empleados públicos de todas las Administraciones Públicas.

b) Las normas legales específicas aplicables a los empleados públicos de todas las Administraciones Públicas.

c) Aquello que es común al conjunto de los funcionarios de todas las Administraciones Públicas, más las normas legales específicas aplicables al personal laboral a su servicio.

d) Aquello que es común al conjunto del personal laboral de todas las Administraciones Públicas, más las normas legales específicas aplicables al personal funcionario a su servicio.

**5. Señalar la respuesta incorrecta. La designación de personal directivo:**

a) Atenderá a principios de mérito y capacidad.

b) Se llevará a cabo mediante procedimientos que garanticen la publicidad y concurrencia.

c) Supone la adquisición de la condición de personal eventual.

d) Atenderá a criterios de idoneidad.

**6. En relación con el personal eventual, es cierto que:**

a) Será retribuido con cargo a los créditos presupuestarios consignados para el personal funcionario.

b) La condición de personal eventual constituirá mérito en la fase de concurso para el acceso a la Función Pública.

c) Su cese tendrá lugar, en todo caso, cuando se produzca el de la autoridad a la que se preste la función de confianza o asesoramiento.

d) La condición de personal eventual computará como mérito para la promoción interna.

**7. Corresponden en exclusiva a los funcionarios públicos, en los términos que en la ley de desarrollo de cada Administración Pública se establezca, el ejercicio de funciones:**

a) Directivas.

b) Que impliquen la participación directa o indirecta en el ejercicio de las potestades públicas.

c) Del ámbito militar, de la Justicia o de la Hacienda Pública.

d) Que impliquen la participación directa (no la indirecta), en la salvaguardia de los intereses generales del Estado.

**8. Las leyes de Función Pública que se dicten en desarrollo del EBEP podrán prever el nombramiento de personal interino para la ejecución de programas de carácter temporal con una duración de hasta:**

a) 2 años.

b) 3 años.

c) 4 años.
d) 5 años.

**9. Completar la siguiente frase. Según el artículo 8 del Texto Refundido de la Ley del Estatuto Básico del Empleado Público, aprobado por el Real Decreto Legislativo 5/2015, de 30 de octubre, son empleados públicos quienes desempeñan funciones ............. en las Administraciones Públicas al servicio de los intereses generales:**

a) Directivas.
b) Exclusivas.
c) Administrativas.
d) Retribuidas.

**10. Según el artículo 9.1 del EBEP, es una característica del funcionario de carrera el desempeño de servicios profesionales retribuidos de carácter:**

a) Permanente.
b) Público.
c) Administrativo.
d) Autoritario.

**11. El número de puestos cubiertos por personal eventual:**

a) Es indefinido e ilimitado.
b) Está limitado por un máximo establecido por los respectivos órganos de gobierno.
c) Está limitado a tres por cada órgano superior de la Administración Pública.
d) No puede hacerse público, puesto que se trata de personal de confianza.

**12. En relación al personal eventual, el EBEP dispone que:**

a) El número máximo de este tipo de personal se establecerá por ley de las Cortes Generales o de las Asambleas legislativas de las Comunidades Autónomas.
b) El cese de este personal no va ligado, en ningún caso, al de la autoridad a la que se preste la función de confianza o asesoramiento.
c) La condición de personal eventual constituye mérito para el acceso a la Función Pública y para la promoción interna.
d) Este personal solo realiza funciones expresamente calificadas como de confianza o asesoramiento especial.

**13. Los funcionarios interinos serán nombrados por razones expresamente justificadas de necesidad y:**

a) Economía.
b) Eficacia.
c) Urgencia.
d) Calidad.

**14. A tenor del artículo 14 del EBEP los empleados públicos tienen derecho:**

a) A la inamovilidad en la condición de funcionario de carrera.

b) A la formación continua y a la actualización permanente de sus conocimientos y capacidades profesionales, preferentemente fuera del horario laboral.

c) A la libertad de expresión, sin restricción alguna.

d) A participar en la consecución de los objetivos atribuidos a la unidad donde preste sus servicios y a ser consultado por sus superiores por las tareas a desarrollar.

**15. Conforme al EBEP, los funcionarios públicos tendrán un permiso por enfermedad grave de un familiar dentro del primer grado de consanguinidad o afinidad, de:**

a) Dos días hábiles.

b) Tres días hábiles.

c) Cuatro días hábiles.

d) Cinco días hábiles.

**16. Los funcionarios públicos tendrán un permiso por matrimonio de:**

a) 10 días.

b) 15 días.

c) 20 días.

d) 30 días.

**17. Tal y como señala el artículo 50 del EBEP, los funcionarios públicos tendrán derecho a disfrutar, durante cada año natural, de unas vacaciones retribuidas de:**

a) 1 mes.

b) 30 días naturales.

c) 22 días hábiles.

d) 30 días hábiles.

**18. Los Empleados Públicos:**

a) Podrán voluntariamente acatar la Constitución y el resto de normas que integran el ordenamiento jurídico.

b) Podrán abstenerse en aquellos asuntos en los que tengan un interés personal.

c) Su actuación perseguirá la satisfacción de los intereses del Gobierno.

d) Guardarán secreto de las materias clasificadas.

**19. El conjunto ordenado de oportunidades de ascenso y expectativas de progreso profesional conforme a los principios de igualdad, mérito y capacidad, se denomina:**

a) Evaluación del desempeño.

b) Promoción profesional.

c) Promoción interna.
d) Carrera profesional.

**20. Para tener derecho a la promoción interna, los funcionarios deberán tener una antigüedad de servicio activo en el inferior subgrupo o grupo de clasificación profesional, de al menos:**

a) Dos años.
b) Tres años.
c) Cuatro años.
d) Cinco años.

**21. Los empleados públicos tienen derecho a la progresión en la carrera profesional y promoción interna según principios constitucionales de igualdad, mérito y capacidad mediante la implantación de sistemas objetivos y transparentes de:**

a) Control.
b) Evaluación.
c) Participación.
d) Provisión.

**22. Los empleados públicos tienen derecho a la libertad de expresión:**

a) En los términos que establezca una ley.
b) En los términos que se establezcan reglamentariamente.
c) A través de sus representantes sindicales.
d) Dentro de los límites del ordenamiento jurídico.

**23. Las Administraciones Públicas podrán destinar cantidades hasta el porcentaje de la masa salarial que se fije en las correspondientes Leyes de Presupuestos Generales del Estado a financiar aportaciones a planes de pensiones de empleo o contratos de seguro colectivos; estas cantidades tendrán a todos los efectos la consideración de:**

a) Retribución básica.
b) Retribución complementaria.
c) Indemnización.
d) Retribución diferida.

**24. Las retribuciones de los funcionarios en prácticas:**

a) Se corresponderán a las del sueldo del Subgrupo o Grupo, en el supuesto de que este no tenga Subgrupo, en que aspiren a ingresar.
b) No podrán superar las del sueldo del Subgrupo o Grupo, en el supuesto de que este no tenga Subgrupo, en que aspiren a ingresar.

c) Se determinarán de acuerdo con la legislación laboral, el convenio colectivo que sea aplicable y el contrato de trabajo.

d) Como mínimo, se corresponderán a las del sueldo del Subgrupo o Grupo, en el supuesto de que este no tenga Subgrupo, en que aspiren a ingresar.

**25. ¿Podrá percibirse participación en tributos o en cualquier otro ingreso de las Administraciones Públicas como contraprestación de cualquier servicio, participación o premio en multas impuestas?**

a) No, en ningún caso.

b) Sí, en cualquier caso.

c) No, excepto cuando estuviesen normativamente atribuidas a los servicios.

d) Sí, excepto cuando estuviesen normativamente atribuidas a los servicios.

**26. La renuncia voluntaria a la condición de funcionario:**

a) Inhabilita para ingresar de nuevo en la Administración Pública.

b) No requiere aceptación expresa por la Administración.

c) Será aceptada expresamente cuando el funcionario esté sujeto a expediente disciplinario o haya sido dictado en su contra auto de procesamiento o de apertura de juicio oral por la comisión de algún delito.

d) Debe ser manifestada por escrito.

**27. ¿Pueden los órganos de gobierno de las Administraciones Públicas conceder la rehabilitación de quien hubiera perdido la condición de funcionario por haber sido condenado a la pena principal o accesoria de inhabilitación?**

a) No, en ningún caso.

b) Excepcionalmente, atendiendo a las circunstancias y entidad del delito cometido.

c) Solo cuando se trate de una inhabilitación provisional.

d) Sí, cuando la inhabilitación se tratara de una pena accesoria.

**28. El funcionario que haya perdido su condición por cambio de nacionalidad, si recupera la nacionalidad:**

a) Volverá automáticamente al puesto de trabajo que ocupaba.

b) No podrá volver a ejercer como funcionario.

c) Podrá solicitar la rehabilitación.

d) Podrá acceder a la función pública superando un nuevo proceso selectivo.

**29. La pena principal o accesoria, a un funcionario público, de inhabilitación absoluta cuando hubiere adquirido firmeza la sentencia que la imponga, produce:**

a) La suspensión de todas sus funciones públicas.

b) La pérdida de la condición de funcionario respecto a todos los empleos o cargos que tuviere.

c) La pérdida de la condición de funcionario respecto a todos los empleos o cargos que tuviere, excepto los cargos electivos.

d) La excedencia forzosa.

**30. ¿Supone la superación de las pruebas selectivas, por sí misma, la adquisición de la condición de funcionario de carrera?**

a) No.

b) Sí, si así lo prevé la propia convocatoria.

c) Sí, si la lista definitiva de aprobados ha sido publicada en el correspondiente Diario Oficial.

d) Sí, si se trata del sistema de oposición.

**31. Cuando adquieran la condición de funcionarios al servicio de organizaciones internacionales, los funcionarios de carrera serán declarados en situación de:**

a) Excedencia.

b) Servicios especiales.

c) Servicio en otras Administraciones Públicas.

d) Servicio activo.

**32. En relación con la excedencia voluntaria por razones de interés particular, de los funcionarios de carrera, es cierto que:**

a) Les será computable el tiempo que permanezcan en tal situación a efectos de derechos en el régimen de Seguridad Social que les sea de aplicación.

b) Podrá declararse cuando al funcionario público se le instruya expediente disciplinario.

c) La concesión de excedencia voluntaria por interés particular quedará subordinada a las necesidades del servicio debidamente motivadas.

d) Su duración no podrá ser superior a tres años.

**33. Quienes se encuentren en situación de servicios especiales:**

a) Percibirán las retribuciones que les correspondan como funcionarios de carrera.

b) Tendrán derecho a reingresar al servicio activo en el mismo puesto que ocupaban en el momento del nombramiento que originó el pase a la situación de servicios especiales.

c) El tiempo que permanezcan en tal situación se les computará a efectos de ascensos, reconocimiento de trienios, promoción interna y derechos en el régimen de Seguridad Social que les sea de aplicación.

d) No podrán percibir los trienios que tuvieran reconocidos antes de pasar a la situación de servicios especiales.

**34. Según el artículo 97 del EBEP, las sanciones impuestas por faltas leves prescribirán:**

a) A los 6 meses.

b) Al año.

c) A los 2 años.
d) A los 3 años.

**35. Según el artículo 98 del EBEP, el procedimiento disciplinario que se establezca en el desarrollo del Estatuto se estructurará atendiendo a los principios de eficacia, celeridad y:**

a) Transparencia.
b) Presunción de inocencia.
c) Legalidad.
d) Economía procesal.

# Solución al test n.º 6

**1.** a) A los intereses generales.

**2.** c) El personal estatutario de los servicios de salud.

**3.** d) Para todo el personal de las Administraciones Públicas no incluido en su ámbito de aplicación.

**4.** c) Aquello que es común al conjunto de los funcionarios de todas las Administraciones Públicas, más las normas legales específicas aplicables al personal laboral a su servicio.

**5.** c) Supone la adquisición de la condición de personal eventual.

**6.** c) Su cese tendrá lugar, en todo caso, cuando se produzca el de la autoridad a la que se preste la función de confianza o asesoramiento.

**7.** b) Que impliquen la participación directa o indirecta en el ejercicio de las potestades públicas.

**8.** c) 4 años.

**9.** d) Retribuidas.

**10.** a) Permanente.

**11.** b) Está limitado por un máximo establecido por los respectivos órganos de gobierno.

**12.** d) Este personal solo realiza funciones expresamente calificadas como de confianza o asesoramiento especial.

**13.** c) Urgencia.

**14.** a) A la inamovilidad en la condición de funcionario de carrera.

**15.** d) Cinco días hábiles.

**16.** b) 15 días.

**17.** c) 22 días hábiles.

**18.** d) Guardarán secreto de las materias clasificadas.

**19.** d) Carrera profesional.

**20.** a) Dos años.

**21.** b) Evaluación.

**22.** d) Dentro de los límites del ordenamiento jurídico.

**23.** d) Retribución diferida.

**24.** d) Como mínimo, se corresponderán a las del sueldo del Subgrupo o Grupo, en el supuesto de que este no tenga Subgrupo, en que aspiren a ingresar.

**25.** a) No, en ningún caso.

**26.** d) Debe ser manifestada por escrito.

**27.** b) Excepcionalmente, atendiendo a las circunstancias y entidad del delito cometido.

**28.** c) Podrá solicitar la rehabilitación.

**29.** b) La pérdida de la condición de funcionario respecto a todos los empleos o cargos que tuviere.

**30.** a) No.

**31.** b) Servicios especiales.

**32.** c) La concesión de excedencia voluntaria por interés particular quedará subordinada a las necesidades del servicio debidamente motivadas.

**33.** c) El tiempo que permanezcan en tal situación se les computará a efectos de ascensos, reconocimiento de trienios, promoción interna y derechos en el régimen de Seguridad Social que les sea de aplicación.

**34.** b) Al año.

**35.** d) Economía procesal.

# TEST N.º 7

**La Ley Orgánica 3/2007, de 22 de marzo, para la igualdad efectiva de mujeres y hombres. Título Preliminar: Objeto y ámbito de la Ley. Título I: El principio de igualdad y tutela contra la discriminación. Título II: Políticas públicas para la igualdad. Título IV: El derecho al trabajo en igualdad de oportunidades. Capítulo 1 del Título V (El principio de igualdad en el empleo público): Criterios de actuación de las Administraciones Públicas. El Plan de Igualdad de la Universidad de Salamanca 2025-2029: Principios. Objetivos cualitativos y objetivos cuantitativos**

**1. Según su artículo 1, la LO 3/2007 tiene por objeto hacer efectivo el derecho de:**

a) Conciliación de la vida laboral y familiar de mujeres y hombres.
b) Igualdad de trato y de oportunidades entre mujeres y hombres.
c) Participación en los asuntos públicos en igualdad de condiciones.
d) No discriminación por razón de sexo.

**2. Las obligaciones establecidas en la LO 3/2007 son de aplicación a:**

a) A toda persona, física o jurídica, que se encuentre o actúe en territorio español, cualquiera que fuese su nacionalidad, domicilio o residencia.
b) A todos los ciudadanos españoles, ya sea en territorio español o territorio de cualquier país extranjero.
c) A toda persona, física o jurídica, que se encuentre o actúe en territorio español, con nacionalidad española.
d) A toda persona, física o jurídica, que resida en territorio español, cualquiera que fuese su nacionalidad.

**3. El principio de igualdad de trato y de oportunidades entre mujeres y hombres:**

a) Sólo se aplica en el ámbito del empleo público.
b) Se garantizará incluso en el acceso al trabajo por cuenta propia.
c) No se aplica en la afiliación y participación en organizaciones sindicales o empresariales.
d) Se garantizará en los términos que prevean los convenios colectivos.

**4. La situación en que se encuentra una persona que sea, haya sido o pudiera ser tratada, en atención a su sexo, de manera menos favorable que otra en situación comparable, se considera:**

a) Discriminación directa.
b) Acoso sexual.
c) Discriminación indirecta.
d) Violencia de género.

**5. Una diferencia de trato basada en una característica relacionada con el sexo ¿constituye discriminación en el acceso al empleo?**

a) Sí, en todo caso.
b) No, siempre que la formación necesaria se base en dicha característica.
c) No, siempre que dicha característica constituya un requisito profesional esencial y determinante.
d) No, si debido a la naturaleza de las actividades profesionales concretas o al contexto en el que se lleven a cabo, dicha característica constituya un requisito profesional esencial y determinante, siempre y cuando el objetivo sea legítimo y el requisito proporcionado.

**6. En virtud del artículo 6.2 de la LO 3/2007, la situación en que una disposición, criterio o práctica aparentemente neutros pone a personas de un sexo en desventaja particular con respecto a personas del otro:**

a) En cualquier caso constituirá discriminación directa.
b) En cualquier caso constituirá discriminación indirecta.
c) No se considera discriminación indirecta si dicha disposición, criterio o práctica pueden justificarse objetivamente en atención a una finalidad legítima y los medios para alcanzar dicha finalidad son necesarios y adecuados.
d) En ningún caso podrá considerarse discriminación.

**7. A los efectos de la LO 3/2007, definimos como acoso sexual:**

a) Cualquier comportamiento realizado en función del sexo de una persona, con el propósito o el efecto de atentar contra su dignidad y de crear un entorno intimidatorio, degradante u ofensivo.
b) La situación en que una disposición, criterio o práctica aparentemente neutros pone a personas de un sexo en desventaja particular con respecto a personas del otro, salvo que dicha disposición, criterio o práctica puedan justificarse objetivamente en atención a una finalidad legítima y que los medios para alcanzar dicha finalidad sean necesarios y adecuados.
c) Todo trato desfavorable a las mujeres relacionado con el embarazo o la maternidad.
d) Cualquier comportamiento, verbal o físico, de naturaleza sexual que tenga el propósito o produzca el efecto de atentar contra la dignidad de una persona, en particular cuando se crea un entorno intimidatorio, degradante u ofensivo.

**8. Según el artículo 8 de la LO 3/2007, todo trato desfavorable a las mujeres relacionado con el embarazo o la maternidad constituye:**

a) Acoso sexual.
b) Acoso por razón de sexo.
c) Discriminación directa por razón de sexo.
d) Discriminación indirecta por razón de sexo.

**9. Cualquier comportamiento realizado en función del sexo de una persona, con el propósito o el efecto de atentar contra su dignidad y de crear un entorno intimidatorio, degradante u ofensivo, constituye:**

a) Discriminación directa.
b) Acoso sexual.
c) Acoso por razón de sexo.
d) Discriminación indirecta.

**10. Conforme al artículo 7.4 de la LO 3/2007, el condicionamiento de un derecho o de una expectativa de derecho a la aceptación de una situación constitutiva de acoso sexual o de acoso por razón de sexo se considerará:**

a) Acto de discriminación por razón de sexo.
b) Creación de un entorno intimidatorio, degradante u ofensivo.
c) Anulable y sin efecto.
d) Indemnizable.

**11. En virtud del artículo 9 de la LO 3/2007, cualquier trato adverso o efecto negativo que se produzca en una persona como consecuencia de la presentación por su parte de queja, reclamación, denuncia, demanda o recurso, de cualquier tipo, destinados a impedir su discriminación y a exigir el cumplimiento efectivo del principio de igualdad de trato entre mujeres y hombres, se considerará:**

a) Discriminación directa.
b) Discriminación por razón de sexo.
c) Injustificado.
d) Acoso sexual.

**12. Para prevenir la realización de conductas discriminatorias en los actos y las cláusulas de los negocios jurídicos, el artículo 10 de la LO 3/2007 prevé la existencia de un sistema de sanciones eficaz y:**

a) Proporcionado.
b) Comprensible.
c) Cuantificable.
d) Disuasorio.

**13. Según el artículo 10 de la LO 3/2007, los actos y las cláusulas de los negocios jurídicos que constituyan o causen discriminación por razón de sexo se considerarán:**

a) Válidos, pero anulables.
b) Nulos y sin efecto.
c) Ilegales.
d) Nulos, pero con efectos.

**14. Con el fin de hacer efectivo el derecho constitucional de la igualdad, los Poderes Públicos adoptarán medidas específicas en favor de las mujeres para corregir situaciones patentes de desigualdad de hecho respecto de los hombres. Tales medidas, que serán aplicables en tanto subsistan dichas situaciones, habrán de ser en relación con el objetivo perseguido en cada caso razonables y:**

a) Justificadas.
b) Autorizadas judicialmente.
c) Transparentes.
d) Proporcionadas.

**15. Conforme al artículo 12 de la LO 3/2007, cualquier persona podrá recabar de los tribunales la tutela del derecho a la igualdad entre mujeres y hombres, de acuerdo con lo establecido en el artículo 53.2 de la Constitución:**

a) Siempre que la relación en la que supuestamente se produce la discriminación se encuentre vigente.
b) Incluso tras la terminación de la relación en la que supuestamente se ha producido la discriminación.
c) Siempre que se haya dado por terminada la relación en la que supuestamente se produce la discriminación.
d) A menos que se haya procedido a la suspensión de la relación en la que supuestamente se produce la discriminación.

**16. La capacidad y la legitimación para intervenir en los procesos civiles, sociales y contencioso-administrativos que versen sobre la defensa del derecho de igualdad entre mujeres y hombres, corresponden a:**

a) La persona acosada, únicamente.
b) Cualquier ciudadano.
c) Las personas físicas y jurídicas con interés legítimo.
d) Cualquier persona jurídica.

**17. La persona acosada será la única legitimada en los litigios:**

a) Sobre discriminación directa.
b) Sobre acoso sexual y acoso por razón de sexo.
c) Sobre acoso sexual únicamente.
d) Únicamente sobre acoso por razón de sexo.

**18. El artículo 14 de la LO 3/2007 señala como uno de los criterios generales de actuación de los Poderes Públicos para el cumplimiento de los fines de esta ley, la participación equilibrada de mujeres y hombres en:**

a) Los órganos colegiados de organismos públicos.
b) Los órganos directivos de las empresas de más de 250 trabajadores.
c) Los tribunales de selección y de decisión.
d) Las candidaturas electorales y en la toma de decisiones.

**19. El artículo 14 de la LO 3/2007 indica cuáles serán los criterios generales de actuación de los Poderes Públicos para el cumplimiento de los fines de esta ley. Así, en relación con la efectividad del derecho constitucional de igualdad entre mujeres y hombres, dicho artículo manifiesta la siguiente acción:**

a) El reconocimiento.
b) El apoyo.
c) El seguimiento.
d) El compromiso.

**20. Un criterio general de actuación de los Poderes Públicos, según el artículo 14 de la LO 3/2007, es el establecimiento de medidas que aseguren la ............. del trabajo y de la vida personal y familiar de las mujeres y los hombres, así como el fomento de la ...................... en las labores domésticas y en la atención a la familia. Qué dos palabras completan acertadamente la frase anterior:**

a) Conciliación y corresponsabilidad.
b) Estabilidad y cooperación.
c) Corresponsabilidad y cooperación.
d) Estabilidad y conciliación.

**21. Según el artículo 15 de la LO 3/2007, el principio de igualdad de trato y oportunidades entre mujeres y hombres informará la actuación de todos los Poderes Públicos, con carácter:**

a) General.
b) Transversal.
c) Integral.
d) Global.

**22. Según el artículo 16 de la LO 3/2007, los poderes públicos:**

a) Procurarán atender al principio de presencia equilibrada de mujeres y hombres en los nombramientos y designaciones de los cargos de responsabilidad que les correspondan.
b) Podrán atender al principio de presencia equilibrada de mujeres y hombres en los nombramientos y designaciones de los cargos de responsabilidad que les correspondan.

c) Deberán atender al principio de presencia equilibrada de mujeres y hombres en los nombramientos y designaciones de los cargos de responsabilidad que les correspondan.

d) Obligarán atender al principio de presencia equilibrada de mujeres y hombres en los nombramientos y designaciones de los cargos de responsabilidad que les correspondan.

**23. Según el artículo 17 de la LO 3/2007, el Gobierno, en las materias que sean de la competencia del Estado, aprobará un Plan Estratégico de Igualdad de Oportunidades:**

a) Anualmente.
b) Bianualmente.
c) Cada cuatro años.
d) Periódicamente.

**24. El Gobierno dará cuenta del informe sobre el conjunto de sus actuaciones en relación con la efectividad del principio de igualdad entre mujeres y hombres:**

a) Al Congreso de los Diputados.
b) A las Cortes Generales.
c) A las asociaciones y organizaciones de mujeres.
d) Al Defensor del Pueblo.

**25. Los proyectos de disposiciones de carácter general y los planes de especial relevancia económica, social, cultural y artística que se sometan a la aprobación del Consejo de Ministros deberán incorporar:**

a) Un Plan Estratégico de Igualdad de Oportunidades.
b) Una estadística o encuesta que posibilite el conocimiento de las diferencias en los valores, roles, situaciones y condiciones, de mujeres y hombres en el ámbito de acción del proyecto o plan.
c) Un informe periódico sobre el conjunto de sus actuaciones en relación con la efectividad del principio de igualdad entre mujeres y hombres.
d) Un informe sobre su impacto por razón de género.

**26. Conforme al artículo 21 de la LO 3/2007, la Administración General del Estado y las Administraciones de las Comunidades Autónomas cooperarán para integrar el derecho de igualdad entre mujeres y hombres en el ejercicio de sus respectivas competencias y, en especial, en sus actuaciones de:**

a) Supervisión.
b) Planificación.
c) Regulación.
d) Dirección.

**27. Conforme al artículo 22 de la LO 3/2007, las corporaciones locales, con el fin de avanzar hacia un reparto equitativo de los tiempos entre mujeres y hombres, podrán establecer:**

a) Planes Municipales de Empleo con perspectiva de género.
b) Ordenanzas de regulación del tiempo.
c) Ordenanzas o Edictos de representación equilibrada en los tiempos de la ciudad.
d) Planes Municipales de organización del tiempo de la ciudad.

**28. Según el artículo 44.3 de la LO 3/2007, el derecho de los padres a un permiso y una prestación por paternidad se reconoció:**

a) Para disminuir la brecha salarial entre hombres y mujeres.
b) Para contribuir a un reparto más equilibrado de las responsabilidades familiares.
c) Para facilitar el apego de los hijos a los padres.
d) Para consolidar la conciliación de la vida personal, familiar y laboral de las mujeres.

**29. Se definen como "un conjunto ordenado de medidas, adoptadas después de realizar un diagnóstico de situación, tendentes a alcanzar en la empresa la igualdad de trato y de oportunidades entre mujeres y hombres y a eliminar la discriminación por razón de sexo":**

a) Los programas de mejora de la empleabilidad de las mujeres.
b) Las medidas de acción positiva para favorecer el acceso de las mujeres al empleo y la aplicación efectiva del principio de igualdad de trato y no discriminación en las condiciones de trabajo.
c) Los protocolos de actuación frente al acoso sexual y al acoso por razón de sexo.
d) Los planes de igualdad de las empresas.

**30. En relación a los Planes de Igualdad de las Empresas, es cierto que:**

a) Son obligatorios en todas las empresas de más de 10 trabajadores.
b) Se referirán a unidades organizativas dentro de la Empresa, sin perjuicio del establecimiento de acciones especiales adecuadas a la totalidad de la Empresa.
c) Son un conjunto ordenado de medidas, adoptadas después de realizar un diagnóstico de situación.
d) No pueden tratar materias de retribuciones o de organización del tiempo de trabajo.

**31. Según la disposición transitoria 12ª de la LO 3/2007, a partir del 7 de marzo de 2022 están obligadas a implantar planes de igualdad las empresas con un número de trabajadores superior a:**

a) 50 trabajadores.
b) 100 trabajadores.

c) 200 trabajadores.
d) 250 trabajadores.

**32. Según el artículo 46.2 de la LO 3/2007, el diagnóstico negociado previo al Plan de igualdad de la empresa, NO está obligado a contener la siguiente materia:**

a) Retribuciones.
b) Infrarrepresentación femenina.
c) Promoción profesional.
d) Régimen disciplinario.

**33. Conforme al artículo 46 de la LO 3/2007 y en relación a los planes de igualdad es cierto que:**

a) Los planes de igualdad incluirán la totalidad de una empresa.
b) Las empresas podrán inscribir sus planes de igualdad en el Registro de Planes de Igualdad de las Empresas.
c) El Registro de Planes de Igualdad de las Empresas es independiente de los Registros de convenios y acuerdos colectivos de trabajo.
d) Por ley se desarrollará el diagnóstico, los contenidos, las materias, las auditorías salariales, los sistemas de seguimiento y evaluación de los planes de igualdad, así como el Registro de Planes de Igualdad, en lo relativo a su constitución, características y condiciones para la inscripción y acceso.

**34. En relación al distintivo para las empresas en materia de igualdad, es cierto que:**

a) Por ley se determinarán la denominación de este distintivo, el procedimiento y las condiciones para su concesión, las facultades derivadas de su obtención y las condiciones de difusión institucional de las empresas que lo obtengan y de las políticas de igualdad aplicadas por ellas.
b) Se creó para reconocer a aquellas empresas privadas que destaquen por la aplicación de políticas de igualdad de trato y de oportunidades con sus trabajadores y trabajadoras.
c) Para la concesión de este distintivo se tendrán en cuenta, entre otros criterios, la presencia equilibrada de mujeres y hombres en los órganos de dirección y en los distintos grupos y categorías profesionales de la empresa, la adopción de planes de igualdad u otras medidas innovadoras de fomento de la igualdad, así como la publicidad no sexista de los productos o servicios de la empresa.
d) El Gobierno controlará que las empresas que obtengan el distintivo mantengan permanentemente la aplicación de políticas de igualdad de trato y de oportunidades con sus trabajadores y trabajadoras y, en caso de incumplirlas, les retirará el distintivo.

**35. Conforme al artículo 51 de la LO 3/2007, las Administraciones Públicas, en el ámbito de sus respectivas competencias y en aplicación del principio de igualdad entre mujeres y hombres, deberán facilitar la conciliación de la vida personal, familiar y laboral, sin menoscabo de:**

a) La promoción profesional.
b) La evaluación periódica del desempeño.

c) Las retribuciones salariales.

d) La presencia equilibrada de mujeres y hombres en los órganos de selección y valoración.

### 36. ¿Cuál es uno de los principios rectores del Plan de Igualdad de la USAL?

a) Competencia profesional.
b) Transparencia retributiva.
c) Productividad académica.
d) Neutralidad institucional.

### 37. ¿Qué objetivo cualitativo busca promover la cultura de igualdad en la planificación y gestión de recursos humanos?

a) Objetivo 1.
b) Objetivo 3.
c) Objetivo 5.
d) Objetivo 7.

### 38. ¿Qué tipo de discriminación se produce cuando una disposición pone a un sexo en desventaja sin justificación objetiva?

a) Discriminación directa.
b) Discriminación institucional.
c) Discriminación indirecta.
d) Discriminación estructural.

### 39. ¿Cuál es uno de los objetivos cuantitativos del Plan de Igualdad?

a) Promover la salud laboral.
b) Realizar cuatro informes de seguimiento.
c) Fomentar la corresponsabilidad familiar.
d) Erradicar el acoso laboral.

### 40. ¿Qué eje de intervención incluye medidas sobre formación y capacitación?

a) Sensibilización y comunicación.
b) Acceso y promoción profesional.
c) Formación y capacitación.
d) Atención especializada.

# Solución al test n.º 7

**1.** b) Igualdad de trato y de oportunidades entre mujeres y hombres.

**2.** a) A toda persona, física o jurídica, que se encuentre o actúe en territorio español, cualquiera que fuese su nacionalidad, domicilio o residencia.

**3.** b) Se garantizará incluso en el acceso al trabajo por cuenta propia.

**4.** a) Discriminación directa.

**5.** d) No, si debido a la naturaleza de las actividades profesionales concretas o al contexto en el que se lleven a cabo, dicha característica constituya un requisito profesional esencial y determinante, siempre y cuando el objetivo sea legítimo y el requisito proporcionado.

**6.** c) No se considera discriminación indirecta si dicha disposición, criterio o práctica pueden justificarse objetivamente en atención a una finalidad legítima y los medios para alcanzar dicha finalidad son necesarios y adecuados.

**7.** d) Cualquier comportamiento, verbal o físico, de naturaleza sexual que tenga el propósito o produzca el efecto de atentar contra la dignidad de una persona, en particular cuando se crea un entorno intimidatorio, degradante u ofensivo.

**8.** c) Discriminación directa por razón de sexo.

**9.** c) Acoso por razón de sexo.

**10.** a) Acto de discriminación por razón de sexo.

**11.** b) Discriminación por razón de sexo.

**12.** d) Disuasorio.

**13.** b) Nulos y sin efecto.

**14.** d) Proporcionadas.

**15.** b) Incluso tras la terminación de la relación en la que supuestamente se ha producido la discriminación.

**16.** c) Las personas físicas y jurídicas con interés legítimo.

**17.** b) Sobre acoso sexual y acoso por razón de sexo.

**18.** d) Las candidaturas electorales y en la toma de decisiones.

**19.** d) El compromiso.

**20.** a) Conciliación y corresponsabilidad.

**21.** b) Transversal.

**22.** a) Procurarán atender al principio de presencia equilibrada de mujeres y hombres en los nombramientos y designaciones de los cargos de responsabilidad que les correspondan.

**23.** d) Periódicamente.

**24.** b) A las Cortes Generales.

**25.** d) Un informe sobre su impacto por razón de género.

**26.** b) Planificación.

**27.** d) Planes Municipales de organización del tiempo de la ciudad.

**28.** b) Para contribuir a un reparto más equilibrado de las responsabilidades familiares.

**29.** d) Los planes de igualdad de las empresas.

**30.** c) Son un conjunto ordenado de medidas, adoptadas después de realizar un diagnóstico de situación.

**31.** a) 50 trabajadores.

**32.** d) Régimen disciplinario.

**33.** a) Los planes de igualdad incluirán la totalidad de una empresa.

**34.** c) Para la concesión de este distintivo se tendrán en cuenta, entre otros criterios, la presencia equilibrada de mujeres y hombres en los órganos de dirección y en los distintos grupos y categorías profesionales de la empresa, la adopción de planes de igualdad u otras medidas innovadoras de fomento de la igualdad, así como la publicidad no sexista de los productos o servicios de la empresa.

**35.** a) La promoción profesional.

**36.** b) Transparencia retributiva.

**37.** a) Objetivo 1.

**38.** c) Discriminación indirecta.

**39.** b) Realizar cuatro informes de seguimiento.

**40.** c) Formación y capacitación.

# TEST N.º 8

## Los Estatutos de la Universidad de Salamanca

**1. Los Estatutos de la Universidad de Salamanca constan de:**

a) 10 Títulos, 10 Disposiciones Adicionales, 15 Disposiciones Transitorias y 5 Disposiciones Finales.

b) 10 Títulos, 9 Disposiciones Adicionales, 14 Disposiciones Transitorias y 5 Disposiciones Finales.

c) 9 Títulos, 10 Disposiciones Adicionales, 15 Disposiciones Transitorias y 4 Disposiciones Finales.

d) 9 Títulos, 15 Disposiciones Adicionales, 10 Disposiciones Transitorias y 4 Disposiciones Finales.

**2. Señala la respuesta incorrecta:**

a) La Universidad de Salamanca considera irrenunciable la libertad académica, que incluye las libertades de cátedra, de investigación y de estudio.

b) Uno de los fines de la Universidad de Salamanca es la promoción y difusión de la lengua española.

c) La Universidad de Salamanca está integrada por sus centros ubicados en las provincias de Ávila, Salamanca, Valladolid y Zamora.

d) El Rectorado tiene su sede en la ciudad de Salamanca.

**3. ¿A quién corresponde la aprobación del *Reglamento de régimen interno de las Facultades y Escuelas?***

a) Al Rector de la Universidad de Salamanca.
b) Al Consejo de Gobierno.
c) A la Junta del Centro respectivo.
d) Al Consejo Social.

**4. Los Institutos elevarán anualmente al Rector una Memoria de la labor docente, investigadora y de gestión realizada por sus miembros, concretamente en el mes de:**

a) Enero.
b) Junio.

c) Septiembre.
d) Diciembre.

**5. Señala la respuesta incorrecta respecto a los Centros Propios y Adscritos a la Universidad de Salamanca:**

a) La Universidad de Salamanca podrá crear Centros Propios de especialización profesional que impartan enseñanzas encaminadas a la formación y perfeccionamiento de su personal.

b) El Consejo de Gobierno aprobará el Reglamento de funcionamiento interno de los Centros Propios y Adscritos.

c) El Consejo de Gobierno reglamentará el procedimiento de creación y supresión de los Centros Propios y Adscritos, así como la tramitación de sus convenios y conciertos de cooperación.

d) La creación o supresión de los Centros Propios corresponderá al Consejo Social, oído el Consejo de Gobierno, a iniciativa de cualquier sector de la Comunidad Universitaria.

**6. ¿A quién corresponde aprobar las cuentas anuales de la Universidad y de las entidades que de ella puedan depender?**

a) Al Rector.
b) Al Consejo de Gobierno.
c) Al Consejo Social.
d) Al Claustro Universitario.

**7. ¿Con qué frecuencia han de elevar los Directores de los Servicios al Rector una Memoria de su gestión y actividades?**

a) Anualmente en el mes de junio.
b) Anualmente en el mes de septiembre.
c) Cada dos años al inicio del curso académico.
d) Cada dos años a la finalización del curso académico.

**8. ¿Qué órgano de la Universidad de Salamanca tiene como misión conservar y gestionar el Patrimonio Documental de la misma?**

a) La Secretaría General de la Universidad de Salamanca.
b) La Biblioteca de la Universidad de Salamanca.
c) El Archivo de la Universidad de Salamanca.
d) El Servicio de Patrimonio de la Universidad de Salamanca.

**9. Señala cuál de los siguientes no es uno de los órganos que ha de tener cada Colegio Mayor:**

a) El Consejo Social.
b) El Consejo Colegial.

c) El Consejo de Dirección.
d) El Director.

**10. ¿Cuál de los siguientes Colegios Mayores goza de un Estatuto especial establecido por el Consejo de Gobierno de la Universidad?**

a) El Colegio «Fray Luis de León».
b) El Colegio «Ana Mogas».
c) El Colegio «Arzobispo Fonseca».
d) El Colegio «Hernán Cortés».

**11. ¿Cuál es el órgano de participación de la sociedad en la Universidad que debe ejercer como elemento de interrelación entre la Sociedad y la Universidad?**

a) El Rector.
b) El Consejo de Gobierno.
c) El Consejo Social.
d) El Claustro Universitario.

**12. ¿A quién corresponde fijar las tasas académicas de los estudios cursados en la Universidad, en el marco de las disposiciones legales vigentes?**

a) Al Rector.
b) Al Consejo de Gobierno.
c) Al Consejo Social.
d) Al Claustro Universitario.

**13. ¿Quién nombrará al Director de cada Servicio Universitario?**

a) El Rector.
b) El Consejo de Gobierno.
c) La Junta Asesora.
d) El Consejo Social.

**14. Señala cuál de los siguientes no forma parte de la composición del Consejo Social:**

a) Un miembro del personal de administración y servicios.
b) El Secretario General.
c) Un estudiante.
d) El Vicerrector.

**15. ¿A quién corresponde aprobar programas de expansión de la Universidad?**

a) Al Rector.
b) Al Consejo de Gobierno.

c) Al Claustro Universitario.
d) Al Claustro de Doctores.

**16. ¿Cuál es el máximo órgano de representación de la Comunidad Universitaria?**

a) El Consejo de Gobierno.
b) El Claustro Universitario.
c) El Rector.
d) El Consejo Social.

**17. ¿Cuántos claustrales forman parte del Claustro Universitario?**

a) 200.
b) 250.
c) 300.
d) 350.

**18. ¿Cuántos de los claustrales del Claustro Universitario tendrán la condición de profesores doctores con vinculación permanente?**

a) 158.
b) 142.
c) 140.
d) 32.

**19. Señala la respuesta incorrecta respecto al Claustro Universitario:**

a) 32 de los claustrales serán profesores en representación del resto de categorías de profesorado, excepto la de Profesor Asociado.
b) Se renueva cada dos años.
c) Perderá la condición de claustral todo miembro del Claustro Universitario que haya dejado de pertenecer al sector por el que fue elegido.
d) Será presidido por el Rector o por el Vicerrector que lo sustituye.

**20. ¿Quién elige y, en su caso, remueve al Defensor Universitario?**

a) El Consejo de Gobierno.
b) El Claustro Universitario.
c) El Rector.
d) El Consejo Social.

**21. El Claustro Universitario actúa en:**

a) Pleno o en Comisiones.
b) Pleno, Secciones y Comisiones.

c) Pleno, Secciones, Áreas y Comisiones.
d) Pleno, Áreas y Comisiones.

**22. ¿Cuántas veces al año se reúne con carácter ordinario el Pleno del Claustro Universitario?**

a) Tres, en los meses, de septiembre u octubre, en abril o mayo y en junio o julio.
b) Tres, en los meses, de septiembre u octubre, en marzo o abril y en junio o julio.
c) Dos, en los meses de octubre o noviembre y de abril o mayo.
d) Dos, en los meses de septiembre u octubre y de abril o mayo.

**23. ¿Quién fija el orden del día de las reuniones del Pleno del Claustro Universitario?**

a) El Rector.
b) El Gerente.
c) El Secretario General.
d) La Mesa del Claustro.

**24. Señala la respuesta incorrecta respecto al Claustro Universitario:**

a) Se reunirá con carácter extraordinario cuando así lo convoque el Rector o lo solicite al menos un tercio de los claustrales.
b) En el orden del día de las reuniones del Pleno del Claustro Universitario se incluirán los asuntos cuyo tratamiento solicite una décima parte de los miembros de aquel.
c) Las sesiones del Claustro serán privadas.
d) Corresponde al Claustro Universitario aprobar el Reglamento orgánico del Defensor Universitario.

**25. ¿A quién corresponde conocer y, en su caso, aprobar las propuestas de nombramiento de Doctores *Honoris Causa*?**

a) Al Rector.
b) Al Consejo de Gobierno.
c) Al Claustro Universitario.
d) Al Claustro de Doctores.

**26. Señala la respuesta correcta respecto al Claustro de Doctores:**

a) La aprobación de las propuestas de concesión del Doctorado Honoris Causa requerirá la mayoría simple de los votos emitidos.
b) La válida constitución del Claustro de Doctores requerirá la presencia de la totalidad de sus miembros en primera convocatoria.
c) El Claustro de Doctores será presidido por el Rector o Vicerrector que lo sustituye.
d) Componen el Claustro de Doctores todos los Profesores de la Universidad de Salamanca.

**27. ¿Cuántos Directores de Departamento elegidos por Divisiones Académicas forman parte del Consejo de Gobierno de la Universidad de Salamanca?**

a) Veinte.
b) Doce.
c) Siete.
d) Seis.

**28. ¿A quién corresponde elegir a los miembros de la Comisión de Doctorado de la Universidad?**

a) Al Rector.
b) Al Consejo de Gobierno.
c) Al Claustro Universitario.
d) Al Claustro de Doctores.

**29. ¿A quién corresponde aprobar el presupuesto anual y la programación económica plurianual de la Universidad?**

a) Al Consejo Social.
b) Al Rector.
c) Al Claustro Universitario.
d) Al Consejo de Gobierno.

**30. ¿Quién autoriza la celebración de convenios de cooperación científica con otras Universidades e Instituciones?**

a) El Rector.
b) El Consejo de Gobierno.
c) El Claustro Universitario.
d) El Claustro de Doctores.

**31. ¿Cuántas veces se reúne en período lectivo el Pleno del Consejo de Gobierno de la Universidad?**

a) Al menos una vez al mes.
b) Dos veces al mes.
c) Una vez al trimestre.
d) Dos veces al trimestre.

**32. ¿Quién fija el orden del día de las reuniones del Pleno del Consejo de Gobierno de la Universidad de Salamanca?**

a) El Rector.
b) El Secretario General.

c) El Gerente.
d) El Vicerrector.

**33. ¿Cuántos profesores de la representación claustral forman parte de la Comisión Permanente del Consejo de Gobierno?**

a) Dos.
b) Tres.
c) Seis.
d) Nueve.

**34. ¿Cuál es la duración de la representación de los estudiantes en las Juntas de Facultad o Escuela?**

a) Cuatro años.
b) Tres años.
c) Dos años.
d) Un año.

**35. Señala la respuesta incorrecta respecto a las Juntas de Facultad o Escuela:**

a) Les corresponde proponer e informar la creación, modificación y supresión de Centros dependientes de la Facultad o Escuela, así como los correspondientes convenios de adscripción.
b) El Pleno de la Junta de Facultad o Escuela se reunirá en sesión ordinaria, como mínimo, una vez al trimestre, y en sesión extraordinaria, cuando lo convoque el Decano o Director, por propia iniciativa o a solicitud de un tercio de sus miembros.
c) Las Juntas de Facultad o Escuela funcionarán en Pleno, Secciones o en Comisión.
d) El Secretario de Facultad o Escuela, que lo será también de la Junta, es el fedatario de los actos o acuerdos que en ella se produzcan.

**36. La duración de la representación en los Consejos de Departamento en el caso del personal de administración y servicios será de:**

a) Cuatro años.
b) Tres años.
c) Dos años.
d) Un año.

**37. ¿Quién expide títulos y diplomas de la Universidad de Salamanca?**

a) El Rector.
b) El Secretario General.
c) El Gerente.
d) Los Decanos de Facultad.

**38. ¿A quién corresponde supervisar la elaboración y publicación del censo electoral de la Universidad?**

a) Al Rector.
b) A la Junta Electoral de la Universidad.
c) Al Secretario General.
d) Al Gerente.

**39. ¿Cada cuánto tiempo será aprobado el Programa Propio de Calidad de la Enseñanza por el Consejo de Gobierno a propuesta del Consejo de Docencia?**

a) Cada cuatro años.
b) Cada tres años.
c) Cada dos años.
d) Cada año, en el mes de septiembre.

**40. Corresponde aprobar la Relación de Puestos de Trabajo del personal docente e investigador:**

a) Al Rector.
b) Al Consejo de Gobierno.
c) A los Departamentos respectivos.
d) Al Secretario General de la Universidad.

# Solución al test n.º 8

**1.** c) 9 Títulos, 10 Disposiciones Adicionales, 15 Disposiciones Transitorias y 4 Disposiciones Finales.

**2.** c) La Universidad de Salamanca está integrada por sus centros ubicados en las provincias de Ávila, Salamanca, Valladolid y Zamora.

**3.** b) Al Consejo de Gobierno.

**4.** c) Septiembre.

**5.** d) La creación o supresión de los Centros Propios corresponderá al Consejo Social, oído el Consejo de Gobierno, a iniciativa de cualquier sector de la Comunidad Universitaria.

**6.** c) Al Consejo Social.

**7.** b) Anualmente en el mes de septiembre.

**8.** c) El Archivo de la Universidad de Salamanca.

**9.** a) El Consejo Social.

**10.** c) El Colegio «Arzobispo Fonseca».

**11.** c) El Consejo Social.

**12.** c) Al Consejo Social.

**13.** a) El Rector.

**14.** d) El Vicerrector.

**15.** b) Al Consejo de Gobierno.

**16.** b) El Claustro Universitario.

**17.** c) 300.

**18.** a) 158.

**19.** b) Se renueva cada dos años.

**20.** b) El Claustro Universitario.

**21.** a) Pleno o en Comisiones.

**22.** c) Dos, en los meses de octubre o noviembre y de abril o mayo.

**23.** d) La Mesa del Claustro.

**24.** c) Las sesiones del Claustro serán privadas.

**25.** d) Al Claustro de Doctores.

**26.** c) El Claustro de Doctores será presidido por el Rector o Vicerrector que lo sustituye.

**27.** c) Siete.

**28.** b) Al Consejo de Gobierno.

**29.** a) Al Consejo Social.

**30.** b) El Consejo de Gobierno.

**31.** a) Al menos una vez al mes.

**32.** a) El Rector.

**33.** a) Dos.

**34.** d) Un año.

**35.** c) Las Juntas de Facultad o Escuela funcionarán en Pleno, Secciones o en Comisión.

**36.** a) Cuatro años.

**37.** a) El Rector.

**38.** b) A la Junta Electoral de la Universidad.

**39.** c) Cada dos años.

**40.** b) Al Consejo de Gobierno.

# TEST N.º 9

**La Ley Orgánica 2/2023, de 22 de marzo, del Sistema Universitario. Título Preliminar: Disposiciones Generales. Título I: Funciones del sistema universitario y autonomía de las universidades. Título II: Creación y reconocimiento de las universidades y calidad del sistema universitario. Título III: Organización de enseñanzas. Título IV: Investigación y transferencia e intercambio del conocimiento e innovación. Título V: Cooperación, coordinación y participación en el sistema universitario. Título VIII: El estudiantado en el Sistema Universitario. Título IX: Régimen específico de las universidades públicas**

**1. ¿En qué fecha entró en vigor la Ley Orgánica 2/2023, del Sistema Universitario (LOSU)?**

a) 12 de abril de 2023.
b) 23 de marzo de 2023.
c) 12 de abril de 2023.
d) 1 de enero de 2024.

**2. ¿Cuál de las siguientes leyes fue derogada con la entrada en vigor de la LOSU?**

a) La Ley Orgánica 6/2001, de 21 de diciembre.
b) La Ley Orgánica 11/1983.
c) El Real Decreto 640/2021.
d) La Ley 33/2011.

**3. ¿Qué artículo de la Constitución Española reconoce la autonomía universitaria?**

a) El artículo 14.
b) El artículo 27.10.
c) El artículo 103.
d) El artículo 149.

**4. Según la LOSU, ¿qué porcentaje máximo de contratos temporales está permitido para el personal docente e investigador?**

a) 40%.
b) 20%.
c) 8%.
d) 15%.

**5. ¿Cuál es la función principal de la Universidad Nacional de Educación a Distancia (UNED)?**

a) Desarrollar únicamente programas presenciales.
b) Gestionar títulos en el extranjero.
c) Realizar actividades académicas no presenciales e híbridas.
d) Promover la movilidad de estudiantes Erasmus.

**6. ¿Qué título de la LOSU regula la internacionalización del sistema universitario?**

a) Título IV.
b) Título VI.
c) Título VII.
d) Título IX.

**7. ¿Qué órgano verifica los planes de estudio que conducen a títulos oficiales?**

a) El Ministerio de Educación.
b) La Comunidad Autónoma.
c) El Consejo de Universidades.
d) La Agencia Nacional de Calidad.

**8. ¿Cuál de los siguientes aspectos forma parte de la autonomía académica según la LOSU?**

a) Administración del presupuesto.
b) Elaboración de planes de estudio.
c) Selección de personal administrativo.
d) Gestión de servicios externos.

**9. ¿Qué mecanismo propone la LOSU para garantizar la transparencia en las universidades públicas?**

a) Realización de auditorías privadas.
b) Creación de un portal de transparencia.
c) Inspección del Tribunal de Cuentas.
d) Publicación de informes quinquenales.

**10. Según la LOSU, ¿qué porcentaje mínimo del PIB debe destinarse a financiación pública universitaria?**

a) 1%.
b) 2%.
c) 5%.
d) 0.5%.

**11. ¿Qué universidades son consideradas actores clave en la cohesión territorial?**

a) Privadas.
b) Internacionales.
c) Públicas.
d) Tecnológicas.

**12. La Ley Orgánica 2/2023 incluye medidas para:**

a) Corregir la brecha salarial de género.
b) Reducir el número de universidades privadas.
c) Promover solo la educación presencial.
d) Limitar la formación a corto plazo.

**13. ¿Cuál es el fin de los programas de formación a lo largo de la vida en la LOSU?**

a) Garantizar la actualización laboral de cualquier persona.
b) Restringir el acceso a grados superiores.
c) Apoyar solo a estudiantes mayores de 30 años.
d) Ofrecer enseñanza gratuita a tiempo completo.

**14. ¿Qué funciones tiene la Universidad según el artículo 2.2 de la LOSU?**

a) Realizar exclusivamente investigación.
b) Emitir únicamente títulos de grado.
c) Difundir conocimiento en un área específica.
d) Contribuir al bienestar social y la cohesión territorial.

**15. ¿Qué requisito establece la LOSU para la creación de universidades?**

a) Disponibilidad de fondos públicos.
b) Planes de igualdad y medidas de accesibilidad.
c) Autorización directa del Rectorado.
d) Creación de un fondo propio de investigación.

**16. Según la LOSU, ¿qué modelo promueve la carrera académica?**

a) Tres niveles de progresión.
b) Un sistema dual obligatorio.

c) Contratos temporales ilimitados.
d) Incorporación, consolidación y promoción.

### 17. ¿Quién regula las condiciones de reconocimiento de títulos universitarios extranjeros?

a) El Gobierno.
b) El Senado.
c) La Agencia de Calidad.
d) La Conferencia de Rectores.

### 18. ¿Qué función central define la LOSU para las universidades?

a) Elaborar informes gubernamentales.
b) Realizar únicamente formación presencial.
c) Docencia, investigación y transferencia del conocimiento.
d) Gestionar exclusivamente fondos públicos.

### 19. ¿Qué entidad supervisa la calidad del sistema universitario español?

a) La ANECA (Agencia Nacional de Evaluación de la Calidad).
b) El Senado.
c) La Conferencia General de Política Universitaria.
d) El Consejo Social de cada universidad.

### 20. ¿Qué porcentaje del profesorado universitario en España tiene nacionalidad extranjera según la LOSU?

a) 3%.
b) 15%.
c) 10%.
d) 5%.

### 21. ¿Qué se garantiza en la LOSU en relación con las personas con discapacidad?

a) Becas limitadas.
b) Acceso exclusivo a programas específicos.
c) Acceso universal y ajustes razonables.
d) Exención de tasas académicas.

### 22. ¿Qué se impulsa en las universidades para combatir la emergencia climática?

a) Planes de ahorro de energía opcionales.
b) Restricción de acceso a carreras ambientales.
c) Programas de sostenibilidad y lucha contra el cambio climático.
d) Instalación obligatoria de paneles solares.

**23. ¿Qué nivel de financiación debe alcanzar el gasto público universitario según la LOSU?**

a) 1% del PIB.
b) 2.5% del PIB.
c) 0.5% del PIB.
d) 1.5% del PIB.

**24. ¿Qué derecho fundamental se asegura a través de la autonomía universitaria?**

a) El derecho a la educación privada.
b) La libertad de cátedra, estudio e investigación.
c) La libertad de asociación estudiantil.
d) El derecho a la gratuidad de estudios.

**25. ¿Cuál es el papel principal del Consejo Social de una universidad?**

a) Supervisar a los profesores.
b) Organizar eventos culturales.
c) Conectar la universidad con la sociedad.
d) Gestionar exclusivamente el presupuesto.

**26. ¿Qué figura legal regula la creación de universidades privadas?**

a) El Reglamento Interno del Rectorado.
b) La Ley Orgánica 2/2023.
c) El Real Decreto 123/2019.
d) La Ley de Autonomía Regional.

**27. ¿Qué sistema promueve la LOSU para garantizar la igualdad entre mujeres y hombres?**

a) Participación limitada en órganos.
b) Planes de igualdad obligatorios.
c) Becas exclusivas para mujeres.
d) Creación de universidades femeninas.

**28. ¿Qué entidad autoriza el inicio de actividades en una nueva universidad?**

a) El Gobierno Central.
b) La Comunidad Autónoma correspondiente.
c) El Consejo de Estudiantes.
d) La ANECA.

**29. ¿Qué caracteriza la carrera académica según la LOSU?**

a) Cuatro niveles de progreso.
b) Tres niveles: incorporación, consolidación y promoción.

c) Contratos indefinidos desde el inicio.
d) Exclusividad para universidades públicas.

**30. ¿Qué derecho tiene el estudiantado según la LOSU?**

a) Acceso exclusivo a estudios gratuitos.
b) Derecho a representación indirecta en la universidad.
c) Derecho al paro académico.
d) Participación solo en actividades culturales.

**31. ¿Qué establece la LOSU sobre la estructura de las universidades públicas?**

a) Deben garantizar participación equitativa.
b) Deben limitar la investigación internacional.
c) Pueden eliminar órganos colegiados.
d) Se centran únicamente en docencia.

**32. ¿Qué universidades pueden adscribir centros privados según la LOSU?**

a) Solo universidades públicas.
b) Tanto públicas como privadas.
c) Únicamente universidades tecnológicas.
d) Ninguna, según la normativa actual.

**33. ¿Cuál es el órgano principal de representación del estudiantado según la LOSU?**

a) El Rectorado.
b) El Consejo Social.
c) El Consejo de Estudiantes Universitario.
d) La Conferencia General Universitaria.

**34. ¿Qué se busca con los doctorados en cotutela internacional?**

a) Fomentar la colaboración entre universidades extranjeras.
b) Limitar la movilidad académica.
c) Crear doctorados exclusivamente nacionales.
d) Redefinir los requisitos de acceso.

**35. ¿Qué se prohíbe al personal docente universitario?**

a) Acceder a cargos administrativos.
b) Tener más del 8% de contratos temporales en su plantilla.
c) Trabajar en universidades extranjeras.
d) Participar en programas de investigación.

**36. ¿Qué característica debe tener la gobernanza universitaria?**

a) Exclusiva del Rectorado.
b) Democrática y participativa.
c) Centralizada en un Consejo Social.
d) Restringida al estudiantado.

**37. ¿Cuál de las siguientes estructuras no está prevista en el artículo 40 de la LOSU?**

a) Campus.
b) Facultades.
c) Aulas específicas.
d) Escuelas de doctorado.

**38. Según la LOSU, ¿quién decide la creación o supresión de facultades y escuelas?**

a) El Consejo de Estudiantes.
b) La Comunidad Autónoma a iniciativa de la universidad.
c) El Ministerio de Universidades.
d) El Consejo Social.

**39. En las universidades públicas, ¿quién vela por el respeto de los derechos de la comunidad universitaria?**

a) El Rector.
b) El Consejo de Gobierno.
c) La Defensoría Universitaria.
d) El Consejo Social.

**40. ¿Cuál de los siguientes órganos es el máximo de representación y participación en la universidad?**

a) El Consejo de Gobierno.
b) El Consejo Social.
c) El Claustro Universitario.
d) El Rectorado.

**41. ¿Qué porcentaje de representación debe tener el estudiantado en el Claustro Universitario?**

a) 10 %.
b) 25 %.
c) 15 %.
d) 40 %.

**42. Según la LOSU, ¿quién elige a los representantes del Consejo de Gobierno?**

a) El Claustro Universitario.
b) El Rector.
c) La Comunidad Autónoma.
d) Los Decanos.

**43. ¿Quién preside el Consejo de Gobierno en una universidad pública?**

a) El Secretario General.
b) El Decano de Facultad.
c) El Presidente del Consejo Social.
d) El Rector o Rectora.

**44. ¿Qué función tiene el Consejo Social en la universidad?**

a) Organizar elecciones a Rector.
b) Promover la relación de la universidad con la sociedad.
c) Evaluar la calidad docente.
d) Gestionar la oferta académica.

**45. ¿Qué requisito se exige para ser candidato a Rector según la LOSU?**

a) Ser Decano de Facultad.
b) Tener al menos cinco años de experiencia docente.
c) Poseer tres sexenios de investigación y tres quinquenios docentes.
d) Ser miembro del Consejo de Gobierno.

**46. ¿Cuál es el mandato del Rector según la LOSU?**

a) Seis años improrrogables y no renovables.
b) Cuatro años, renovables una vez.
c) Ocho años con posibilidad de reelección.
d) Cinco años, con opción a un segundo mandato.

**47. ¿Qué órgano universitario se encarga de aprobar el presupuesto de la universidad?**

a) El Rector.
b) El Consejo Social.
c) El Claustro Universitario.
d) La Defensoría Universitaria.

**48. ¿Cuál de las siguientes funciones corresponde al Consejo de Gobierno?**

a) Aprobar los presupuestos finales del Estado.
b) Organizar las elecciones de Rector.

c) Fijar las directrices fundamentales de la universidad.
d) Elegir a los representantes estudiantiles.

**49. ¿Qué unidad se encarga de garantizar la igualdad de género en la universidad?**

a) Unidad de Diversidad.
b) Defensoría Universitaria.
c) Consejo Social.
d) Unidad de Igualdad.

**50. Según la LOSU, ¿quién es responsable de los servicios administrativos y económicos?**

a) El Secretario General.
b) El Decano de Facultad.
c) El Gerente.
d) El Vicerrector de Finanzas.

**51. ¿Qué órgano universitario promueve acciones para la inserción laboral de estudiantes?**

a) Unidad de Investigación.
b) Consejo Social.
c) Defensoría Universitaria.
d) Claustro Universitario.

**52. ¿Qué porcentaje mínimo del Consejo de Gobierno debe estar compuesto por estudiantes?**

a) 15 %.
b) 10 %.
c) 20 %.
d) 5 %.

**53. ¿Cuál de los siguientes es un órgano unipersonal de gobierno universitario?**

a) Consejo Social.
b) Rector.
c) Claustro Universitario.
d) Consejo de Estudiantes.

**54. ¿Qué órgano establece los mecanismos de rendición de cuentas?**

a) Consejo Social.
b) Claustro Universitario.
c) Consejo de Gobierno.
d) Vicerrectorado de Gestión.

**55. ¿Qué artículo de la LOSU regula los proyectos de investigación como unidades funcionales?**

a) El artículo 58.
b) El artículo 54.
c) El artículo 62.
d) El artículo 61.

**56. ¿Qué porcentaje del presupuesto deben dedicar las universidades públicas a programas de investigación?**

a) 3 %.
b) 5 %.
c) 10 %.
d) 15 %.

**57. ¿Qué órgano universitario promueve el Plan de Igualdad de Género?**

a) El Claustro Universitario.
b) El Consejo de Gobierno.
c) El Rectorado.
d) La Unidad de Diversidad.

**58. ¿Qué función tiene el Consejo de Estudiantes según el artículo 48?**

a) Gestionar becas y ayudas.
b) Dirigir el presupuesto de investigación.
c) Defender los intereses del estudiantado.
d) Velar por la normativa de personal.

**59. ¿Qué unidad universitaria se encarga de coordinar políticas de inclusión y antidiscriminación?**

a) La Unidad de Igualdad.
b) La Defensoría Universitaria.
c) La Unidad de Diversidad.
d) El Consejo Social.

**60. ¿Cuál de estos órganos no es un órgano colegiado?**

a) El Claustro Universitario.
b) El Consejo de Gobierno.
c) El Rector.
d) El Consejo Social.

**61. ¿Quién preside el Claustro Universitario?**

a) El Secretario General.
b) El Rector o la Rectora.
c) El Vicerrector de Igualdad.
d) El Presidente del Consejo Social.

**62. ¿Cuál de los siguientes cargos es elegido por sufragio ponderado?**

a) El Gerente.
b) El Secretario General.
c) El Rector.
d) El Defensor Universitario.

**63. ¿Qué establece el artículo 56 respecto al presupuesto universitario?**

a) Debe ser anual y flexible.
b) Debe ser plurianual con objetivos claros.
c) Debe ser aprobado por el Rector.
d) Es gestionado solo por la Comunidad Autónoma.

**64. ¿Qué porcentaje de representación deben tener los estudiantes en órganos colegiados?**

a) 25 %.
b) 10 %.
c) 15 %.
d) 5 %.

**65. ¿Qué unidad ofrece atención psicológica en las universidades?**

a) Unidad de Diversidad.
b) Defensoría Universitaria.
c) Servicios de orientación psicopedagógica.
d) Unidad de Igualdad.

**66. ¿Qué órgano tiene la responsabilidad de proponer el Plan Plurianual de Financiación?**

a) El Consejo Social.
b) El Claustro Universitario.
c) El Consejo de Gobierno.
d) El Rectorado.

**67. ¿Qué función tiene la Inspección de Servicios?**

a) Evaluar al personal docente.
b) Gestionar el presupuesto.
c) Velar por el correcto funcionamiento de los servicios.
d) Proponer el plan de estudios.

**68. ¿Quién elabora los Estatutos de la universidad?**

a) El Rectorado.
b) El Consejo Social.
c) El Claustro Universitario.
d) La Comunidad Autónoma.

**69. ¿Qué cargo universitario actúa como fedatario?**

a) El Gerente.
b) El Secretario General.
c) El Defensor Universitario.
d) El Rector.

**70. ¿Qué órgano fija los precios públicos de estudios oficiales?**

a) El Consejo Social.
b) El Rectorado.
c) La Comunidad Autónoma.
d) El Claustro Universitario.

**71. ¿Cuál es la función principal de los Decanos de Facultad?**

a) Representar a los estudiantes.
b) Gestionar los recursos financieros.
c) Dirigir y gestionar la facultad.
d) Aprobar el presupuesto.

**72. ¿Qué establece la LOSU respecto al número de personal eventual en universidades?**

a) Debe ser aprobado por el Rector.
b) Debe fijarse en los Estatutos.
c) Lo regula el Consejo de Gobierno.
d) Es ilimitado.

**73. ¿Qué órgano universitario tiene representación de la sociedad?**

a) El Claustro Universitario.
b) El Consejo Social.

c) El Consejo de Gobierno.
d) La Defensoría Universitaria.

**74. ¿Qué ley regula la exención tributaria de las universidades?**

a) La Ley de Hacienda Pública.
b) La Ley de Universidades Privadas.
c) La Ley 49/2002 de Mecenazgo.
d) La LOSU directamente.

**75. ¿Qué establece el artículo 31 de la LOSU sobre el derecho de acceso a los estudios universitarios?**

a) Se garantiza el derecho de acceso en igualdad de condiciones y sin discriminación.
b) Permite el acceso sin necesidad de títulos previos.
c) Establece límites estrictos de acceso por Comunidad Autónoma.
d) Solo regula el acceso para mayores de 25 años.

**76. ¿Qué porcentaje de plazas deben reservar las universidades para estudiantes con discapacidad?**

a) 10%.
b) 3%.
c) 5%.
d) No se establece un porcentaje fijo.

**77. Según la LOSU, ¿qué modalidad de docencia es preferente en las universidades?**

a) Virtual.
b) Híbrida.
c) Presencial.
d) Semipresencial.

**78. ¿Cuál es el objetivo principal de los estudios de Máster Universitario?**

a) Formación básica y generalista.
b) Iniciación en estudios de doctorado únicamente.
c) Formación profesional específica.
d) Formación avanzada especializada o multidisciplinar.

**79. ¿Qué porcentaje mínimo del tiempo académico representan los créditos ECTS por curso?**

a) 60 créditos.
b) 30 créditos.
c) 45 créditos.
d) No hay un mínimo.

**80. ¿Cuál es la finalidad de las prácticas académicas externas en los estudios de Grado?**

a) Complementar la formación académica.
b) Servir como empleo remunerado obligatorio.
c) Sustituir asignaturas teóricas.
d) Generar créditos adicionales.

**81. ¿Qué promueve la internacionalización según el artículo 23 de la LOSU?**

a) Solo programas de doctorado en otros países.
b) La docencia, investigación y formación a nivel internacional.
c) La creación de titulaciones conjuntas con universidades locales.
d) Un aumento de plazas para extranjeros.

**82. ¿Qué institución regula la equivalencia de títulos extranjeros en España?**

a) La Agencia Europea de Calidad Educativa.
b) Las universidades locales.
c) El Gobierno.
d) El Parlamento Europeo.

**83. ¿Qué establece el artículo 25 de la LOSU sobre alianzas interuniversitarias?**

a) Promueve la creación y participación en alianzas internacionales.
b) Limita la cooperación con universidades fuera de la UE.
c) Permite solo acuerdos bilaterales.
d) Facilita exclusivamente títulos conjuntos nacionales.

**84. ¿Qué objetivo tiene el crédito ECTS en el Espacio Europeo de Educación Superior?**

a) Facilitar exámenes comunes.
b) Uniformar la docencia en Europa.
c) Promover la movilidad y el reconocimiento de estudios.
d) Reducir el tiempo de los estudios universitarios.

**85. ¿Cuál es el papel de las universidades en relación con la Ciencia Abierta?**

a) Limitar el acceso a sus investigaciones.
b) Evitar la publicación de datos abiertos.
c) Facilitar el acceso abierto a publicaciones y datos científicos.
d) Crear sistemas cerrados de conocimiento.

**86. ¿Cuál es el objetivo de la Declaración de Bolonia?**

a) Crear un sistema de títulos nacionales.
b) Establecer un Espacio Europeo de Educación Superior.

c) Uniformar las calificaciones en Europa.

d) Garantizar exámenes únicos para todos los países.

**87. ¿Qué establece la LOSU respecto al acceso prioritario a cursos de formación continua?**

a) Es un derecho para el estudiantado.

b) Se garantiza únicamente a titulados.

c) No está regulado.

d) Solo es obligatorio en universidades privadas.

**88. ¿Qué son las microcredenciales según la LOSU?**

a) Un sistema paralelo al grado y máster.

b) Asignaturas electivas obligatorias.

c) Programas formativos de corta duración.

d) Créditos no oficiales sin valor académico.

**89. ¿Cuál es uno de los principios fundamentales del Espacio Europeo de Educación Superior?**

a) Facilitar la movilidad estudiantil y docente.

b) Centralizar los estudios universitarios.

c) Limitar la participación de estudiantes extranjeros.

d) Uniformar las asignaturas en Europa.

**90. ¿Qué señala la LOSU sobre el acceso a estudios universitarios para mayores de 25 años?**

a) Es obligatorio en todas las universidades.

b) Se restringe solo a universidades públicas.

c) Se regula según la Ley Orgánica 2/2006.

d) No se permite sin titulación previa.

**91. ¿Qué derechos se reconocen en el artículo 33 de la LOSU sobre la formación académica?**

a) Educación inclusiva y de calidad.

b) Becas obligatorias para todos.

c) Evaluación flexible y opcional.

d) Exención de exámenes.

**92. ¿Cuál es la función principal de los estudios de Doctorado?**

a) Adquisición de competencias en investigación.

b) Formación técnica especializada.

c) Preparación para el mercado laboral.
d) Creación de microcredenciales.

**93. ¿Qué criterio es prioritario en la concesión de becas y ayudas según la LOSU?**

a) Mérito académico exclusivamente.
b) Criterios socioeconómicos.
c) Participación en actividades culturales.
d) Resultados deportivos.

**94. ¿Cuál es la finalidad de los programas de movilidad en la LOSU?**

a) Solo facilitar estudios en universidades nacionales.
b) Promover el intercambio nacional e internacional del estudiantado.
c) Incrementar las plazas de doctorado.
d) Fomentar programas de corta duración.

**95. ¿Qué porcentaje máximo de Matrículas de Honor se puede conceder por materia?**

a) 5 % de los estudiantes matriculados.
b) 10 % de los estudiantes.
c) No hay límite.
d) Depende del número total de aprobados.

**96. ¿Qué derecho del estudiantado menciona la LOSU en relación con la conciliación de estudios?**

a) Acceso prioritario a becas.
b) Eliminación de evaluaciones.
c) Diseño de actividades académicas que faciliten la conciliación laboral y familiar.
d) Flexibilidad obligatoria de horarios.

**97. ¿Qué establece el artículo 12 de la LOSU sobre la Ciencia Abierta?**

a) Garantiza la exclusividad del conocimiento.
b) Promueve el acceso abierto a publicaciones y datos científicos.
c) Permite patentar todos los resultados.
d) Excluye investigaciones colaborativas.

**98. ¿Qué principio sustenta el Espacio Europeo de Educación Superior en relación con los créditos ECTS?**

a) Uniformidad de estudios.
b) Reducción del tiempo lectivo.
c) Compatibilidad y reconocimiento de estudios.
d) Exclusividad para estudios de máster.

### 99. ¿Qué significa el concepto FAIR en relación con los datos científicos?

a) Datos fáciles y archivados.
b) Datos fáciles de encontrar, accesibles, interoperables y reutilizables.
c) Datos reservados solo para investigadores principales.
d) Datos sin control ni restricciones.

### 100. ¿Cuál es el objetivo principal de los programas de atracción de talento según la LOSU?

a) Formar únicamente a investigadores nacionales.
b) Incorporar talento internacional al sistema universitario.
c) Limitar la participación extranjera en universidades locales.
d) Promover exclusividad de profesorado local.

### 101. ¿Qué regula el artículo 9 de la LOSU sobre las enseñanzas universitarias?

a) Exigencia de prácticas profesionales en máster.
b) La estructura de enseñanzas oficiales en Grado, Máster y Doctorado.
c) Exclusividad de estudios presenciales.
d) Restricción de acceso a programas de investigación.

### 102. ¿Qué establece la LOSU respecto a la formación continua del profesorado universitario?

a) Las universidades deben desarrollar formación inicial y continua.
b) El profesorado no necesita formación adicional.
c) La formación debe limitarse al ámbito nacional.
d) Es opcional según el criterio del rectorado.

### 103. ¿Qué porcentaje máximo de horas se asigna a cada crédito ECTS?

a) 20 horas.
b) 35 horas.
c) 50 horas.
d) 30 horas.

### 104. ¿Cuál de las siguientes opciones describe la función del Espacio Europeo de Educación Superior?

a) Homogeneizar completamente los sistemas educativos.
b) Facilitar la movilidad y el reconocimiento académico.
c) Reducir la duración de los títulos universitarios.
d) Limitar las opciones de estudio fuera de Europa.

**105. ¿Qué reconoce la LOSU sobre la colaboración en investigación entre universidades y empresas?**

a) Es opcional según las universidades.
b) Promueve la cooperación para potenciar la transferencia de conocimiento.
c) Está prohibida por conflicto de intereses.
d) Solo aplica a universidades privadas.

**106. ¿Qué objetivo principal tiene la mención industrial en el doctorado?**

a) Facilitar la colaboración entre universidades y empresas.
b) Reducir los requisitos académicos del doctorado.
c) Sustituir la investigación básica por aplicada.
d) Eliminar la tesis doctoral obligatoria.

**107. ¿Qué porcentaje del presupuesto de universidades puede dedicarse a ayudas o exenciones de matrícula?**

a) Depende del presupuesto y de la normativa específica.
b) Un 10% máximo.
c) No se permite la exención de matrícula.
d) Solo aplica a estudiantes con mérito académico.

**108. ¿Qué derecho tienen los estudiantes según el artículo 33 sobre la salud mental?**

a) Acceso a psicólogos externos pagados por la universidad.
b) Tutorías, asesoramiento psicopedagógico y cuidado de la salud mental.
c) Exención de clases obligatorias.
d) Becas exclusivas para tratamientos médicos.

**109. ¿Cuál de las siguientes opciones describe el sistema de calificaciones universitarias?**

a) Aprobado: 0-4.9.
b) Notable: 5-6.9.
c) Sobresaliente: 9.0-10.
d) Matrícula de Honor: Inferior a 7.0.

# Solución al test n.º 9

**1.** c) 12 de abril de 2023.

**2.** a) La Ley Orgánica 6/2001, de 21 de diciembre.

**3.** b) El artículo 27.10.

**4.** c) 8%.

**5.** c) Realizar actividades académicas no presenciales e híbridas.

**6.** c) Título VII.

**7.** c) El Consejo de Universidades.

**8.** b) Elaboración de planes de estudio.

**9.** b) Creación de un portal de transparencia.

**10.** a) 1%.

**11.** c) Públicas.

**12.** a) Corregir la brecha salarial de género.

**13.** a) Garantizar la actualización laboral de cualquier persona.

**14.** d) Contribuir al bienestar social y la cohesión territorial.

**15.** b) Planes de igualdad y medidas de accesibilidad.

**16.** d) Incorporación, consolidación y promoción.

**17.** a) El Gobierno.

**18.** c) Docencia, investigación y transferencia del conocimiento.

**19.** a) La ANECA (Agencia Nacional de Evaluación de la Calidad).

**20.** a) 3%.

**21.** c) Acceso universal y ajustes razonables.

**22.** c) Programas de sostenibilidad y lucha contra el cambio climático.

**23.** a) 1% del PIB.

**24.** b) La libertad de cátedra, estudio e investigación.

**25.** c) Conectar la universidad con la sociedad.

**26.** b) La Ley Orgánica 2/2023.

**27.** b) Planes de igualdad obligatorios.

**28.** b) La Comunidad Autónoma correspondiente.

**29.** b) Tres niveles: incorporación, consolidación y promoción.

**30.** c) Derecho al paro académico.

**31.** a) Deben garantizar participación equitativa.

**32.** b) Tanto públicas como privadas.

**33.** c) El Consejo de Estudiantes Universitario.

**34.** a) Fomentar la colaboración entre universidades extranjeras.

**35.** b) Tener más del 8% de contratos temporales en su plantilla.

**36.** b) Democrática y participativa.

**37.** c) Aulas específicas.

**38.** b) La Comunidad Autónoma a iniciativa de la universidad.

**39.** c) La Defensoría Universitaria.

**40.** c) El Claustro Universitario.

**41.** b) 25 %.

**42.** a) El Claustro Universitario.

**43.** d) El Rector o Rectora.

**44.** b) Promover la relación de la universidad con la sociedad.

**45.** c) Poseer tres sexenios de investigación y tres quinquenios docentes.

**46.** a) Seis años improrrogables y no renovables.

**47.** b) El Consejo Social.

**48.** c) Fijar las directrices fundamentales de la universidad.

**49.** d) Unidad de Igualdad.

**50.** c) El Gerente.

**51.** b) Consejo Social.

**52.** b) 10 %.

**53.** b) Rector.

**54.** a) Consejo Social.

**55.** c) El artículo 62.

**56.** b) 5 %.

**57.** b) El Consejo de Gobierno.

**58.** c) Defender los intereses del estudiantado.

**59.** c) La Unidad de Diversidad.

**60.** c) El Rector.

**61.** b) El Rector o la Rectora.

**62.** c) El Rector.

**63.** b) Debe ser plurianual con objetivos claros.

**64.** a) 25 %.

**65.** c) Servicios de orientación psicopedagógica.

**66.** c) El Consejo de Gobierno.

**67.** c) Velar por el correcto funcionamiento de los servicios.

**68.** c) El Claustro Universitario.

**69.** b) El Secretario General.

**70.** c) La Comunidad Autónoma.

**71.** c) Dirigir y gestionar la facultad.

**72.** b) Debe fijarse en los Estatutos.

**73.** b) El Consejo Social.

**74.** c) La Ley 49/2002 de Mecenazgo.

**75.** a) Se garantiza el derecho de acceso en igualdad de condiciones y sin discriminación.

**76.** c) 5%.

**77.** c) Presencial.

**78.** d) Formación avanzada especializada o multidisciplinar.

**79.** a) 60 créditos.

**80.** a) Complementar la formación académica.

**81.** b) La docencia, investigación y formación a nivel internacional.

**82.** c) El Gobierno.

**83.** a) Promueve la creación y participación en alianzas internacionales.

**84.** c) Promover la movilidad y el reconocimiento de estudios.

**85.** c) Facilitar el acceso abierto a publicaciones y datos científicos.

**86.** b) Establecer un Espacio Europeo de Educación Superior.

**87.** a) Es un derecho para el estudiantado.

**88.** c) Programas formativos de corta duración.

**89.** a) Facilitar la movilidad estudiantil y docente.

**90.** c) Se regula según la Ley Orgánica 2/2006.

**91.** a) Educación inclusiva y de calidad.

**92.** a) Adquisición de competencias en investigación.

**93.** b) Criterios socioeconómicos.

**94.** b) Promover el intercambio nacional e internacional del estudiantado.

**95.** a) 5% de los estudiantes matriculados.

**96.** c) Diseño de actividades académicas que faciliten la conciliación laboral y familiar.

**97.** b) Promueve el acceso abierto a publicaciones y datos científicos.

**98.** c) Compatibilidad y reconocimiento de estudios.

**99.** b) Datos fáciles de encontrar, accesibles, interoperables y reutilizables.

**100.** b) Incorporar talento internacional al sistema universitario.

**101.** b) La estructura de enseñanzas oficiales en Grado, Máster y Doctorado.

**102.** a) Las universidades deben desarrollar formación inicial y continua.

**103.** d) 30 horas.

**104.** b) Facilitar la movilidad y el reconocimiento académico.

**105.** b) Promueve la cooperación para potenciar la transferencia de conocimiento.

**106.** a) Facilitar la colaboración entre universidades y empresas.

**107.** a) Depende del presupuesto y de la normativa específica.

**108.** b) Tutorías, asesoramiento psicopedagógico y cuidado de la salud mental.

**109.** c) Sobresaliente: 9.0-10.

# TEST N.º 10

## Bases de ejecución presupuestaria de la Universidad de Salamanca

**1. El presupuesto de la Universidad de Salamanca lo constituye:**

a) La explicación de las principales líneas de su elaboración y ejecución previstas conforme a criterios de estabilidad presupuestaria y sostenibilidad financiera.

b) La clasificación que agrupa los créditos para gastos en atención de la finalidad y objetivos perseguidos.

c) La expresión cifrada, conjunta y sistemática de las obligaciones que, como máximo, se pueden reconocer y de los derechos que se prevén realizar durante el ejercicio.

d) El equilibrio entre ingresos y gastos que garantiza la sostenibilidad financiera de los compromisos de gasto presentes y futuros de la Universidad respetando los límites legales de déficit y deuda pública.

**2. Señala la opción incorrecta. El estado de ingresos reflejará con detalle y separadamente las estimaciones de los recursos siguientes:**

a) Los ingresos por los precios públicos por servicios académicos y demás derechos que legalmente se establezcan.

b) Los gastos de mantenimiento de cuentas corrientes y operaciones de capital.

c) El producto de las operaciones de crédito que se concierten.

d) Los ingresos procedentes de transferencias y subvenciones de entidades públicas.

**3. La relación de efectivos de personal de todas las categorías de la Universidad, especificando la totalidad de los costes de la misma, se acompaña a/al:**

a) Estado de Gasto en Operaciones Financieras.

b) Todos los anteriores Estados.

c) Estado de Gastos por Operaciones de Capital.

d) Estado de Gastos Corrientes.

**4. Indica cuál de los siguientes no se considera un recurso o ingreso propio de la USAL reflejado así en el Estado de Ingresos:**

a) Los derivados de la prestación de los servicios docentes universitarios.
b) Los derivados de aportaciones de empresas privadas.
c) La venta de bienes, por la explotación del patrimonio universitario.
d) Los derivados de la prestación de servicios no docentes.

**5. La clasificación que agrupa los créditos para gastos en función de los objetivos que se pretende conseguir y de las tareas que hayan de realizarse, es la:**

a) Funcional.
b) Orgánica.
c) De programas.
d) Económica.

**6. Las unidades dotadas de autonomía para la gestión de los créditos que les son asignados dentro del Presupuesto de Gastos de la Universidad, así como las modificaciones de créditos que pudieran producirse a lo largo del ejercicio económico se llaman:**

a) Unidades de ejecución presupuestaria.
b) Unidades económicas de gestión de coste.
c) Centros de gestión de coste.
d) Centros de coste.

**7. Los créditos agrupados en el Capítulo I del Presupuesto de la USAL se refieren a:**

a) Gastos en bienes corrientes y servicios.
b) Gastos de personal.
c) Gastos extraordinarios.
d) Inversiones reales.

**8. Los Gastos con financiación afectada son aquellos que:**

a) No están cubiertos por financiación presupuestada.
b) No se ejecutan en el mismo ejercicio presupuestario.
c) Derivan de compromisos de gastos de ejercicios presupuestarios anteriores.
d) Cuentan con compromisos suficientes para considerar que se va a recaudar el ingreso necesario para su ejecución.

**9. La liquidez que la Universidad tendrá a la fecha de cierre del ejercicio si a las disponibilidades líquidas se sumara la diferencia entre los créditos a corto plazo (y las deudas a corto plazo conforma el:**

a) Crédito.
b) Remanente de tesorería.
c) Estado de ingresos.
d) Presupuesto.

**10. Las modificaciones que incrementan los créditos como consecuencia de la obtención de determinados recursos no previstos o superiores a los contemplados en el presupuesto inicial se denominan:**

a) Generaciones de crédito.
b) Incorporaciones de crédito.
c) Suplementos de crédito.
d) Transferencias de crédito.

**11. El acto administrativo en virtud del cual la autoridad competente acepta o concierta con un tercero, según los casos, la realización de obras, prestaciones de servicios, transferencias, subvenciones, etc. es la fase de ejecución presupuestaria denominada:**

a) Autorización.
b) Disposición.
c) Gasto.
d) Reconocimiento.

**12. El acto por el cual se acuerda que se hagan efectivos los créditos comprometidos por el gasto liquidado se llama:**

a) Autorización del pago.
b) Ordenación del pago.
c) Disposición.
d) Solución del pago.

**13. Son anticipos de caja fija:**

a) La provisión de fondos, de carácter extrapresupuestario y permanente, que se realiza a los Cajeros Pagadores para la atención inmediata, y su posterior aplicación presupuestaria, de ciertos pagos de pequeña cuantía de carácter inmediato.
b) Las cantidades que se libren para atender gastos sin la previa aportación de la documentación justificativa.
c) Los pagos que deban realizarse con celeridad por practicarse un descuento por pronto pago.
d) Los pagos de gastos anticipados por el personal de la Universidad.

**14. La unidad que tiene la misión de coordinar a las distintas cajas pagadoras y autorizar, en favor de estas, los libramientos de fondos correspondientes, se llama:**

a) Centro de gasto.
b) Unidad de Pagos Descentralizados.
c) Unidad de Gestión del Gasto.
d) Caja Fija.

**15. La facultad de celebrar contratos de obras, suministros y servicios corresponde al:**

a) Gerente.
b) Consejo Social.
c) Rector.
d) Servicio de Auditoría Externa.

**16. La Mesa general de contratación de la USAL la preside:**

a) El Rector.
b) La persona en quien delegue el Rector.
c) El Vicerrector de Economía o el gerente.
d) Un funcionario del Servicio de Contratación.

**17. Serán tramitados con carácter general como contratos menores de obras aquellos:**

a) De duración inferior a un año.
b) Que solo pueda realizar un contratista por falta de competencia.
c) Cuyo presupuesto sea inferior a 40.000 euros.
d) Todos los anteriores.

**18. Serán tramitados con carácter general como contratos menores, siempre que no vayan a tener una duración superior a un año ni vaya a resultar necesaria su prórroga, los contratos de suministros y servicios cuyo presupuesto sea:**

a) Inferior a 15.000 euros.
b) Igual o inferior a 15.000 euros.
c) Igual o inferior a 40.000 euros.
d) Inferior a 40.000 euros.

**19. La USAL publicará, al menos trimestralmente, la información sobre el objeto, duración e importe de adjudicación y la identidad del adjudicatario de los contratos menores cuyo valor estimado sea:**

a) Igual o superior a 15.000 euros.
b) Igual o superior a 40.000 euros.
c) Superior a 5.000 euros.
d) Inferior a 40.000 euros.

**20. En los contratos de la USAL que se tramiten como contratos menores, será necesario para liquidar el gasto o reconocer la obligación:**

a) Comprobar materialmente la efectiva realización de las obras, servicios y suministros financiados con fondos públicos.
b) Vigilar la adecuación de las obras, servicios y suministros al contenido del contrato correspondiente.

c) La incorporación al expediente de gasto de la factura correspondiente debidamente conformada.

d) Todo lo anterior es cierto.

**21. La unidad central de contabilización, seguimiento y control de los derechos en los que resulte acreedora la USAL se denomina:**

a) Centro de Gestión de Ingresos.

b) Servicio de Contabilidad y Presupuestos.

c) Servicio de Tesorería y Contabilidad.

d) Centro de Contabilidad y Tesorería.

**22. ¿De qué plazo dispone el servicio correspondiente de la USAL para reclamar el cobro de una factura impagada desde la fecha de emisión de la misma o la generación del derecho?**

a) Un año.

b) Un año y un mes.

c) Un año y dos meses.

d) Un mes.

**23. Los ingresos de la USAL que financian conceptos de gasto de manera específica y afectan sobre todo a proyectos o contratos y a otras actividades de investigación o docencia se llaman presupuestariamente:**

a) Dotacionales.

b) Conceptuales.

c) Finalistas.

d) Objetivos.

**24. Los precios públicos por la prestación de servicios académicos conducentes a títulos oficiales impartidos en la USAL serán fijados por el/la:**

a) Junta de Castilla y León.

b) Consejo Social.

c) Consejo de Gobierno.

d) Conferencia General de Política Universitaria.

**25. ¿Qué porcentaje de los costes reales de los estudios a que se refieren son cubiertos con los precios públicos fijados para la prestación de servicios académicos conducentes a títulos oficiales?**

a) 100 %.

b) 75 %.

c) 20 %.

d) 30 %.

**26. Las tasas y derechos administrativos por compulsas de documentos, derechos de examen para acceder a plazas de plantilla de la USAL, por bastanteos de poderes y por expedición de documentos son fijados por:**

a) Conferencia General de Política Universitaria.
b) Consejo de Gobierno.
c) Consejo Social.
d) Junta de Castilla y León.

**27. Los derechos de inscripción para estudios que conduzcan a la obtención de un título propio de la Universidad de Salamanca, tienen la consideración de precios por servicios académicos universitarios y son:**

a) Aprobados por el Consejo de Gobierno.
b) Del 75 % del coste de los estudios.
c) Ingresos extrapresupuestarios.
d) Ingresos afectados o finalistas.

**28. En los cursos de formación específica y actividades de formación especializada procederá la devolución de los precios públicos:**

a) En todo caso.
b) En ningún caso.
c) Siempre que el estudiante solicite la devolución antes de que finalice el plazo de preinscripción, salvo que la actividad ya esté iniciada.
d) Cuando el estudiante lo solicite, y no se hayan devengado derechos de examen.

**29. El control interno de los gastos e inversiones de la USAL, organización de sus cuentas conforme a los principios de contabilidad presupuestaria y patrimonial se asegura a través del:**

a) Servicio de Contabilidad y Presupuestos.
b) Centro de Gestión de Ingresos.
c) Servicio de Auditoría Interna.
d) Servicio de Tesorería y Contabilidad.

**30. La Auditoría de las cuentas anuales de la USAL son aprobadas por:**

a) El Rector.
b) El Consejo Social.
c) La Intervención General de la Administración de la Comunidad Autónoma de Castilla y León.
d) El Consejo de Gobierno.

# Solución al test n.º 10

**1.** c) La expresión cifrada, conjunta y sistemática de las obligaciones que, como máximo, se pueden reconocer y de los derechos que se prevén realizar durante el ejercicio.

**2.** b) Los gastos de mantenimiento de cuentas corrientes y operaciones de capital.

**3.** d) Estado de Gastos Corrientes.

**4.** b) Los derivados de aportaciones de empresas privadas.

**5.** c) De programas.

**6.** d) Centros de coste.

**7.** b) Gastos de personal.

**8.** d) Cuentan con compromisos suficientes para considerar que se va a recaudar el ingreso necesario para su ejecución.

**9.** b) Remanente de tesorería.

**10.** a) Generaciones de crédito.

**11.** b) Disposición.

**12.** b) Ordenación del pago.

**13.** a) La provisión de fondos, de carácter extrapresupuestario y permanente, que se realiza a los Cajeros Pagadores para la atención inmediata, y su posterior aplicación presupuestaria, de ciertos pagos de pequeña cuantía de carácter inmediato.

**14.** b) Unidad de Pagos Descentralizados.

**15.** c) Rector.

**16.** c) El Vicerrector de Economía o el gerente.

**17.** c) Cuyo presupuesto sea inferior a 40.000 euros.

**18.** a) Inferior a 15.000 euros.

**19.** c) Superior a 5.000 euros.

**20.** c) La incorporación al expediente de gasto de la factura correspondiente debidamente conformada.

**21.** b) Servicio de Contabilidad y Presupuestos.

**22.** b) Un año y un mes.

**23.** c) Finalistas.

**24.** a) Junta de Castilla y León.

**25.** c) 20 %.

**26.** c) Consejo Social.

**27.** d) Ingresos afectados o finalistas.

**28.** c) Siempre que el estudiante solicite la devolución antes de que finalice el plazo de preinscripción, salvo que la actividad ya esté iniciada.

**29.** c) Servicio de Auditoría Interna.

**30.** b) El Consejo Social.

# TEST N.º 11

**Régimen del alumnado: Normativa de matrícula oficial en centros de la Universidad de Salamanca. Gestión Administrativa y aspectos económicos. Traslados de Expediente. Reconocimiento de créditos. Normativa de permanencia**

**1. El procedimiento de matrícula en titulaciones oficiales de grado y máster vigente fue aprobado por Acuerdo del/de la:**

a) Rector de 2 de mayo de 2017.
b) Consejo de Gobierno de 26 de junio de 2025.
c) Consejo de Gobierno de 23 de mayo de 2029.
d) Consejo de Gobierno de 29 de febrero de 2012.

**2. Los estudiantes podrán matricularse en los estudios universitarios oficiales que se imparten en la Universidad de Salamanca con una dedicación al estudio:**

a) Total o complementaria.
b) A tiempo completo o parcial.
c) A tiempo completo, a tiempo parcial o a tiempo reducido.
d) Ordinario o individualizado.

**3. Los estudiantes de nuevo ingreso en Grados con dedicación a tiempo completo deberán matricularse de un número de créditos comprendido entre:**

a) 43 y 90 ECTS.
b) 62 y 80 ECTS.
c) 42 y 60 ECTS.
d) 42 y 90 ECTS.

**4. Los estudiantes de nuevo ingreso con dedicación a tiempo parcial lo harán de un número de créditos comprendido entre:**

a) No pueden matricularse a tiempo parcial los estudiantes de nuevo ingreso.
b) 42 y 60 ECTS.

c) 30 y 42 ECTS.
d) 1 y 30 ECTS.

**5. Los estudiantes de nuevo ingreso en másteres universitarios de 90 y 120 ECTS, con dedicación a tiempo completo, deberán matricular entre:**

a) 60 y 90 ECTS.
b) 43 y 60 ECTS.
c) 43 y 72 ECTS.
d) 42 y 60 ECTS.

**6. Los estudiantes con dedicación a tiempo parcial en másteres universitarios de 60 ECTS lo harán de un número igual o inferior a:**

a) 42 ECTS.
b) 32 ECTS.
c) 43 ECTS.
d) 23 ECTS.

**7. Los estudiantes matriculados en másteres universitarios de 90 y 120 ECTS podrán matricular, de forma excepcional, un número superior a 72 ECTS en un mismo curso académico si lo autoriza:**

a) El Rector.
b) El Consejo de Gobierno.
c) La Comisión Académica del Máster.
d) La Comisión de Docencia delegada del Consejo de Gobierno.

**8. La USAL no admitirá automatrícula a través de Internet para:**

a) Estudiantes de nuevo ingreso en estudios de Máster Universitario.
b) Modificación de asignaturas.
c) Ninguno, pues todas las matriculaciones se realizan a través de este procedimiento.
d) El periodo extraordinario de ampliación de matrícula en titulaciones de Grado y Máster.

**9. El órgano competente de la USAL podrá habilitar un periodo de matrícula únicamente para asignaturas que se imparten en el segundo cuatrimestre:**

a) Para estudiantes a tiempo parcial.
b) Para estudios de Grado exclusivamente.
c) Solamente en estudios de Másteres.
d) Para estudios de Grado y Másteres.

**10. ¿Cuántas solicitudes de modificación de asignaturas, sean anulaciones o cambios, podrán admitirse?**

a) Tantas como asignaturas se quieran modificar.
b) Un máximo de 6.
c) Ninguna.
d) Una sola.

**11. La anulación de la matrícula de estudiantes de nuevo ingreso supondrá para el estudiante:**

a) la renuncia a la devolución íntegro del importe de la matrícula.
b) La pérdida de la plaza adjudicada.
c) La imposibilidad de matricularse en otros estudios impartidos por la propia Universidad.
d) Todas las anteriores son correctas.

**12. Contra la resolución de inadmisión de matrícula para estudiantes de nuevo ingreso dictada por el Decano o Director se podrá interponer:**

a) Recurso de Alzada ante el Rector.
b) Recurso de Reposición ante el mismo Decano o Director que la dictó.
c) Recurso contencioso administrativo.
d) No cabe recurso alguno.

**13. No procederá la devolución de precios públicos en estudios universitarios de la USAL en los casos de:**

a) Anulación de matrícula por adjudicación de plaza para distinta titulación en otra universidad española o europea convenida.
b) Pagos por formalización de la matrícula sin cumplir los requisitos para la admisión.
c) Anulación de matrícula por cambio de titulación dentro de la Universidad.
d) Cambios sustanciales en los horarios o en el programa de la actividad.

**14. Se podrá reactivar la matrícula anulada por impago, pudiendo conservar las actuaciones académicas en el curso de que se trate:**

a) Siempre que se reactive dentro del mismo curso académico.
b) Únicamente si se abona la Tasa por reactivación del expediente.
c) Cuando la reactivación se haga en ese curso o en el posterior siguiente a la anulación cuando, en este último caso, salvo excepción considerada por el Centro.
d) En ningún caso.

**15. Una vez vencidos los plazos de pago y detectado el impago de las cantidades pendientes por matrícula, con carácter previo a la anulación de matrícula, se procederá:**

a) A la comunicación a la Comisión de Docencia.
b) Al requerimiento de pago al estudiante por vía de apremio.

c) A la prohibición de acceso a los centros docentes con revocación de credenciales.

d) Al bloqueo informático del expediente.

**16. Para solicitar un traslado para continuar estudios, los estudiantes deberán pedir que se les reconozca un mínimo de:**

a) 42 créditos.

b) 30 créditos si proceden de una universidad española y 42 si es extranjera.

c) 30 créditos.

d) 43 créditos.

**17. La resolución de las solicitudes de admisión de estudiantes para continuar estudios universitarios por traslados corresponde:**

a) A la Comisión de Docencia.

b) A los decanos o directores de centro originariamente.

c) A los decanos o directores por delegación del Rector.

d) Al Rector, sin posibilidad de delegación.

**18. Los estudiantes que cursando una titulación en un determinado centro de la USAL, deseen continuarla en otro centro de esta que la ofrezca, pero sin presentarse a una nueva convocatoria de acceso a la universidad, podrá:**

a) Acudir al procedimiento establecido para la continuación de estudios por cambio de universidad.

b) Volver a preinscribirse solicitando plaza en la misma titulación en el otro centro que desee.

c) Solicitar el cambio de centro, que le será aceptado si existen plazas en aquel al que desee optar.

d) No puede solicitarlo sin presentarse a la prueba de acceso.

**19. No se entenderá como reconocimiento de créditos:**

a) Créditos obtenidos en otras enseñanzas superiores oficiales no universitarias.

b) Acreditación de experiencia laboral y profesional, siempre que esté relacionada con las competencias inherentes a dicho título.

c) Los correspondientes a los trabajos de fin de grado en titulaciones transversales a aquella en la que se pretende el reconocimiento.

d) La participación en actividades universitarias culturales, deportivas, de representación estudiantil, solidarias y de cooperación.

**20. El análisis de solicitudes de reconocimiento de los estudios conducentes a la obtención de los títulos oficiales españoles de educación superior no universitaria corresponde:**

a) A la Dirección del Centro correspondiente a los estudios en los que se solicita sean reconocidos.

b) A la Comisión de Docencia delegada del Consejo de Gobierno.

c) La Comisión de Transferencia y Reconocimiento de Créditos (COTRARET).
d) A la Comisión de Docencia.

**21. Los estudiantes de enseñanzas universitarias de grado de la USAL podrán obtener el reconocimiento de créditos del plan de estudios por la participación en actividades universitarias culturales, deportivas, de representación estudiantil, solidarias y de cooperación, hasta:**

a) Un mínimo de 4 ECTS.
b) Un máximo de 8 y mínimo de 6 ECTS.
c) Un máximo de 6 ECTS.
d) Todos los créditos que pertenezcan a la rama de las actividades realizadas.

**22. La experiencia laboral y profesional acreditada permitirá el reconocimiento de créditos a razón de:**

a) 1 ECTS por cada 80 horas de trabajo realizado.
b) 1 ECTS por cada 40 horas de trabajo realizado.
c) 2 ECTS por cada 40 horas de trabajo realizado.
d) 1 ECTS por cada 100 horas de trabajo realizado.

**23. El total de créditos reconocidos a partir de experiencia profesional o laboral, de enseñanzas cursadas en títulos propios, las enseñanzas de idiomas y las materias o enseñanzas de carácter complementario o transversal no podrá ser superior a:**

a) 6 ECTS.
b) Un 15 % del total de créditos del plan de estudios.
c) 12 ECTS.
d) 18 ECTS.

**24. El proceso de inclusión, en los documentos académicos oficiales acreditativos de las enseñanzas seguidas por cada estudiante, de la totalidad de los créditos obtenidos en enseñanzas oficiales cursadas con anterioridad, en la USAL u otra universidad, que no hayan conducido a la finalización de sus estudios con la consiguiente obtención de un título oficial, se denomina:**

a) Reconocimiento.
b) Transferencia.
c) Convalidación.
d) Aportación.

**25. Se denomina "título de destino":**

a) A aquel del que provienen los créditos transferidos.
b) Al título al que se van a incorporar los créditos reconocidos y transferidos.

c) Al de obtención de los méritos objeto de reconocimiento.

d) Al título obtenido sin necesidad de reconocimiento ni transferencia de créditos.

**26. Son unidades de permanencia:**

a) El número de créditos que un estudiante puede agotar antes de que se le impida continuar sus estudios en la USAL.

b) El cómputo del tiempo en que un estudiante puede realizar estudios en la USAL.

c) Los órganos administrativos que supervisan el aprovechamiento de los estudiantes de la USAL.

d) Todas las anteriores son correctas.

**27. Una unidad de permanencia equivale a:**

a) Un cuatrimestre.

b) 15 créditos.

c) 30 créditos.

d) Un curso académico.

**28. Un plan de estudios de 110 créditos supondrá en unidades de permanencia:**

a) 12.

b) 6.

c) 10.

d) 8.

**29. Un estudiante a tiempo parcial con 4 unidades de permanencia, supone que podrá seguir cursando estudios en la USAL durante:**

a) 60 ECTS.

b) 8 cuatrimestres.

c) 4 cursos académicos.

d) 120 créditos.

**30. ¿Cuál es el plazo máximo para dictar y notificar resolución expresa procedimiento de reconocimiento y transferencia de créditos?**

a) Seis meses.

b) Tres meses.

c) Quince días.

d) Un mes.

# Solución al test n.º 11

**1.** b) Consejo de Gobierno de 26 de junio de 2025.

**2.** b) A tiempo completo o parcial.

**3.** a) 43 y 90 ECTS.

**4.** c) 30 y 42 ECTS.

**5.** c) 43 y 72 ECTS.

**6.** a) 42 ECTS.

**7.** c) La Comisión Académica del Máster.

**8.** d) El periodo extraordinario de ampliación de matrícula en titulaciones de Grado y Máster.

**9.** c) Solamente en estudios de Másteres.

**10.** d) Una sola

**11.** b) La pérdida de la plaza adjudicada.

**12.** a) Recurso de Alzada ante el Rector.

**13.** a) Anulación de matrícula por adjudicación de plaza para distinta titulación en otra universidad española o europea convenida.

**14.** c) Cuando la reactivación se haga en ese curso o en el posterior siguiente a la anulación cuando, en este último caso, salvo excepción considerada por el Centro.

**15.** d) Al bloqueo informático del expediente.

**16.** c) 30 créditos.

**17.** c) A los decanos o directores por delegación del Rector.

**18.** a) Acudir al procedimiento establecido para la continuación de estudios por cambio de universidad.

**19.** c) Los correspondientes a los trabajos de fin de grado en titulaciones transversales a aquella en la que se pretende el reconocimiento.

**20.** c) La Comisión de Transferencia y Reconocimiento de Créditos (COTRARET).

**21.** c) Un máximo de 6 ECTS.

**22.** b) 1 ECTS por cada 40 horas de trabajo realizado.

**23.** b) Un 15 % del total de créditos del plan de estudios.

**24.** b) Transferencia.

**25.** b) Al título al que se van a incorporar los créditos reconocidos y transferidos.

**26.** b) El cómputo del tiempo en que un estudiante puede realizar estudios en la USAL.

**27.** a) Un cuatrimestre.

**28.** d) 8.

**29.** b) 8 cuatrimestres.

**30.** b) Tres meses.

# TEST N.º 12

**Real Decreto 822/2021, de 28 de septiembre, por el que se establece la ordenación de las enseñanzas universitarias oficiales y del procedimiento de aseguramiento de su calidad. Real Decreto 1125/2003, de 5 de septiembre, por el que se establece el sistema europeo de créditos y el sistema de calificaciones en las titulaciones universitarias de carácter oficial y validez en todo el territorio nacional**

**1. La acreditación de los títulos universitarios oficiales de Máster deberá haber sido renovada en el plazo máximo de:**

a) Diez años desde la fecha de inicio de impartición del título o de renovación de la acreditación anterior.

b) Ocho años desde la fecha de inicio de impartición del título o de renovación de la acreditación anterior.

c) Seis años desde la fecha de inicio de impartición del título o de renovación de la acreditación anterior.

d) Cinco años desde la fecha de inicio de impartición del título o de renovación de la acreditación anterior.

**2. La expedición de los títulos de Graduada o Graduado, de Máster Universitario y de Doctora o Doctor a que conducen la superación de los créditos de los respectivos planes de estudios y la superación del programa de Doctorado, se efectuará en nombre de:**

a) El Rey.

b) La Ministra o Ministro de Universidades.

c) La Rectora o el Rector de la universidad en que se hubieren finalizado los estudios.

d) La o el Secretario General de la universidad en que se hubieren finalizado los estudios.

**3. El volumen de créditos reconocibles a partir de la experiencia profesional o laboral o aquellos procedentes de estudios universitarios no oficiales (propios o de formación permanente) no podrá superar, globalmente:**

a) El 15 por ciento del total de créditos que configuran el plan de estudios del título que se pretende obtener.

b) El 10 por ciento del total de créditos que configuran el plan de estudios del título que se pretende obtener.

c) El 7 por ciento del total de créditos que configuran el plan de estudios del título que se pretende obtener.

d) El 5 por ciento del total de créditos que configuran el plan de estudios del título que se pretende obtener.

**4. Los planes de estudios de 240 créditos incluirán un mínimo de formación básica de:**

a) 80 créditos.
b) 75 créditos.
c) 70 créditos.
d) 60 créditos.

**5. El trabajo de fin de Grado tiene como objetivo esencial la demostración por parte del o la estudiante del dominio y aplicación de los conocimientos, competencias y habilidades definitorios del título universitario oficial de Grado. Este trabajo de fin de Grado dispondrá de:**

a) Un mínimo de 12 créditos para todos los títulos, y un máximo de 24 créditos para los títulos de 240 créditos, de 36 créditos en los títulos de 300 créditos y de 30 créditos en los títulos de 360 créditos.

b) Un mínimo de 10 créditos para todos los títulos, y un máximo de 24 créditos para los títulos de 240 créditos, de 30 créditos en los títulos de 300 créditos y de 36 créditos en los títulos de 360 créditos.

c) Un mínimo de 6 créditos para todos los títulos, y un máximo de 24 créditos para los títulos de 240 créditos, de 30 créditos en los títulos de 300 créditos y de 36 créditos en los títulos de 360 créditos.

d) Un mínimo de 5 créditos para todos los títulos, y un máximo de 26 créditos para los títulos de 240 créditos, de 36 créditos en los títulos de 300 créditos y de 30 créditos en los títulos de 360 créditos.

**6. La proporción de créditos no presenciales para que un título tenga la consideración de híbrido será la situada en un intervalo entre:**

a) El 45 y el 60 por ciento de la carga crediticia total del título de Grado.
b) El 40 y el 60 por ciento de la carga crediticia total del título de Grado.
c) El 30 y el 50 por ciento de la carga crediticia total del título de Grado.
d) El 25 y el 50 por ciento de la carga crediticia total del título de Grado.

**7. En términos de carga crediticia, un Grado podrá definirse como impartido en modalidad virtual:**

a) Cuando al menos un 80 por ciento de créditos (ECTS) que lo configuran se imparten en dicha modalidad de enseñanza.

b) Cuando al menos un 75 por ciento de créditos (ECTS) que lo configuran se imparten en dicha modalidad de enseñanza.

c) Cuando al menos un 70 por ciento de créditos (ECTS) que lo configuran se imparten en dicha modalidad de enseñanza.

d) Cuando al menos un 60 por ciento de créditos (ECTS) que lo configuran se imparten en dicha modalidad de enseñanza.

**8. ¿Qué porcentaje de las plazas ofertadas en los títulos universitarios oficiales de Grado reservarán las universidades para estudiantes que tengan reconocido un grado de discapacidad igual o superior al 33 por ciento, así como para estudiantes con necesidades de apoyo educativo permanentes asociadas a circunstancias personales de discapacidad, que en sus estudios anteriores hayan precisado de recursos y apoyos para su plena inclusión educativa?**

a) Al menos, un 11 por ciento.
b) Al menos, un 9 por ciento.
c) Al menos, un 7 por ciento.
d) Al menos, un 5 por ciento.

**9. El número de créditos ECTS que conformen una especialidad no podrá superar:**

a) El cincuenta por ciento del número total de créditos que componen el plan de estudios de Máster.

b) El cuarenta y cinco por ciento del número total de créditos que componen el plan de estudios de Máster.

c) El cuarenta por ciento del número total de créditos que componen el plan de estudios de Máster.

d) El treinta por ciento del número total de créditos que componen el plan de estudios de Máster.

**10. La acreditación de los títulos universitarios oficiales de Grado que tengan 300 o 360 créditos deberá haber sido renovada en el plazo máximo de:**

a) Diez años desde la fecha de inicio de impartición del título o de renovación de la acreditación anterior.

b) Ocho años desde la fecha de inicio de impartición del título o de renovación de la acreditación anterior.

c) Seis años desde la fecha de inicio de impartición del título o de renovación de la acreditación anterior.

d) Cinco años desde la fecha de inicio de impartición del título o de renovación de la acreditación anterior.

**11. Las universidades o los centros regularán la admisión en las enseñanzas de Máster Universitario, estableciendo requisitos específicos y, en caso de ser necesarios, complementos formativos, cuya carga en créditos no podrá superar el equivalente a:**

a) El 20 por ciento de la carga crediticia del título.
b) El 15 por ciento de la carga crediticia del título.

c) El 12 por ciento de la carga crediticia del título.

d) El 10 por ciento de la carga crediticia del título.

**12. El o la estudiante que haya elegido cursar la Mención Dual dentro de una enseñanza de Grado o de Máster Universitario, podrá si lo considera oportuno abandonarla y volver al itinerario general siempre que no haya superado:**

a) La mitad de los créditos definidos para la obtención de la Mención Dual en el respectivo plan de estudios.

b) El 40 por ciento de los créditos definidos para la obtención de la Mención Dual en el respectivo plan de estudios.

c) El 30 por ciento de los créditos definidos para la obtención de la Mención Dual en el respectivo plan de estudios.

d) El 25 por ciento de los créditos definidos para la obtención de la Mención Dual en el respectivo plan de estudios.

**13. Las universidades establecerán un cupo de admisión dentro de cada Grado para el estudiantado que desee seguir estos itinerarios abiertos. Estos cupos no podrán superar en ningún caso:**

a) El 10 por ciento del límite de plazas de nuevo ingreso más bajo que tuvieran los títulos de Grado incluidos en el itinerario abierto correspondiente.

b) El 8 por ciento del límite de plazas de nuevo ingreso más bajo que tuvieran los títulos de Grado incluidos en el itinerario abierto correspondiente.

c) El 6 por ciento del límite de plazas de nuevo ingreso más bajo que tuvieran los títulos de Grado incluidos en el itinerario abierto correspondiente.

d) El 5 por ciento del límite de plazas de nuevo ingreso más bajo que tuvieran los títulos de Grado incluidos en el itinerario abierto correspondiente.

**14. El procedimiento de verificación de los planes de estudios, que culminará con la notificación a la universidad solicitante de la resolución del Consejo de Universidades sobre la verificación del plan de estudios, no podrá tener una duración (sin tener en cuenta el procedimiento de posible reclamación) superior a:**

a) Seis meses.

b) Cinco meses.

c) Un trimestre.

d) Dos meses.

**15. Respecto a la pregunta anterior, en el caso de los títulos propuestos en centros con acreditación institucional, este plazo no excederá de:**

a) Cinco meses.

b) Cuatro meses.

c) Un trimestre.
d) Dos meses.

**16. Desde el momento en el que se produzca su publicación oficial, la universidad o las universidades que han impulsado el título universitario dispondrán para implantar e iniciar la docencia de este de:**

a) Un máximo de cinco años.
b) Un máximo de cinco cursos académicos.
c) Un máximo de tres cursos académicos.
d) Un máximo de dos cursos académicos.

**17. La acreditación de los títulos universitarios oficiales de Grado que tengan 240 créditos deberá haber sido renovada en el plazo máximo de:**

a) Seis años desde la fecha de inicio de impartición del título o de renovación de la acreditación anterior.
b) Cinco años desde la fecha de inicio de impartición del título o de renovación de la acreditación anterior.
c) Tres años desde la fecha de inicio de impartición del título o de renovación de la acreditación anterior.
d) Dos años desde la fecha de inicio de impartición del título o de renovación de la acreditación anterior.

**18. Todos los planes de estudios de Máster Universitario incluirán un trabajo de fin de Máster, que podrá contar con:**

a) Un mínimo de 10 créditos ECTS y un máximo de 50.
b) Un mínimo de 10 créditos ECTS y un máximo de 35.
c) Un mínimo de 6 créditos ECTS y un máximo de 30.
d) Un mínimo de 5 créditos ECTS y un máximo de 30.

**19. El plan de estudios en las enseñanzas de Grado y de Máster Universitario se estructura en cursos de 60 créditos académicos del Sistema Europeo de Transferencia de Créditos. Se exceptúa de esta regla a aquellos Másteres que tengan un plan de estudios con una carga total de 90 créditos, permitiéndose en tal caso que uno de los cursos sea de:**

a) 45 créditos.
b) 40 créditos.
c) 30 créditos.
d) 25 créditos.

**20. La acreditación de los títulos universitarios oficiales de Doctorado deberá haber sido renovada en el plazo máximo de:**

a) Diez años desde la fecha de inicio del programa de Doctorado o de renovación de la acreditación anterior.
b) Ocho años desde la fecha de inicio del programa de Doctorado o de renovación de la acreditación anterior.

c) Seis años desde la fecha de inicio del programa de Doctorado o de renovación de la acreditación anterior.

d) Cinco años desde la fecha de inicio del programa de Doctorado o de renovación de la acreditación anterior.

**21. El procedimiento de renovación de la acreditación de un título universitario oficial no podrá tener una duración superior a:**

a) Dos años.
b) Un año.
c) Seis meses.
d) Tres meses.

**22. En el caso de la suscripción de un convenio entre un centro de formación profesional de grado superior y un centro universitario, aprobado por el órgano de gobierno de la universidad y el Departamento competente en materia de formación profesional de la Comunidad Autónoma, la proporción de créditos reconocibles en un título universitario oficial de Grado podrá ser de hasta:**

a) El 45 por ciento de la carga crediticia total de dicho título.
b) El 40 por ciento de la carga crediticia total de dicho título.
c) El 30 por ciento de la carga crediticia total de dicho título.
d) El 25 por ciento de la carga crediticia total de dicho título.

**23. ¿Quién fija los precios públicos de los títulos universitarios oficiales que ofertan las universidades públicas?**

a) El Estado.
b) El Ministerio de Universidades.
c) Las Comunidades Autónomas.
d) La Conferencia General de Política Universitaria.

**24. ¿A quién corresponde la labor de garantizar la coherencia académica entre la denominación del título universitario oficial de Grado y los objetivos formativos, así como la estructura y contenidos fundamentales del plan de estudios?**

a) A la Conferencia General de Política Universitaria.
b) A las Administraciones públicas.
c) A las agencias de aseguramiento de la calidad.
d) Las respuestas b) y c) son correctas.

**25. A tenor del artículo 14 del Real Decreto 822/2021, de 28 de septiembre, los planes de estudios conducentes a la obtención de un título de Graduada o Graduado tendrán:**

a) 260 créditos ECTS, salvo aquellos que estén sujetos a legislación específica o por las normas del Derecho de la Unión Europea a tener 300 o 360 créditos.

b) 240 créditos ECTS, salvo aquellos que estén sujetos a legislación específica o por las normas del Derecho de la Unión Europea a tener 300 o 360 créditos.

c) 230 créditos ECTS, salvo aquellos que estén sujetos a legislación específica o por las normas del Derecho de la Unión Europea a tener 300 o 360 créditos.

d) 250 créditos ECTS, salvo aquellos que estén sujetos a legislación específica o por las normas del Derecho de la Unión Europea a tener 300 o 360 créditos.

**26. La media del expediente académico de cada alumno será el resultado de la aplicación de la siguiente fórmula:**

a) Suma de los créditos obtenidos por el alumno multiplicado cada uno de ellos, dividida por el valor de las calificaciones que correspondan.

b) Suma de los créditos obtenidos por el alumno divididos cada uno de ellos por el valor de las calificaciones que correspondan, y multiplicada por el número de créditos totales obtenidos por el alumno.

c) Suma de los créditos obtenidos por el alumno multiplicados cada uno de ellos por el valor de las calificaciones que correspondan, y dividida por el número de créditos totales obtenidos por el alumno.

d) Ninguna respuesta es correcta.

**27. Las enseñanzas universitarias actuales conducentes a la obtención de un título universitario oficial que estén implantadas en la actualidad deberán, en todo caso, adaptarse al sistema de créditos establecido con anterioridad a:**

a) El 31 de diciembre de 2010.

b) El 1 de junio de 2010.

c) El 30 de junio de 2010.

d) El 1 de octubre de 2010.

**28. El Real Decreto 1125/2003, de 5 de septiembre, por el que se establece el sistema europeo de créditos y el sistema de calificaciones en las titulaciones universitarias de carácter oficial y validez en todo el territorio nacional, establece que el número total de créditos establecido en los planes de estudios para cada curso académico será de:**

a) 50.

b) 60.

c) 65.

d) 70.

**29. ¿Cuál es el número mínimo de horas por crédito?**

a) 20.

b) 25.

c) 29.

d) 30.

**30. ¿Cuál es el número máximo de horas por crédito?**

a) 30.

b) 35.

c) 40.
d) 42.

**31. En las enseñanzas oficiales de Grado y Máster, la mención de «Matrícula de Honor» podrá ser otorgada a alumnos que hayan obtenido una calificación:**

a) Solo si es de 10.
b) Igual o superior a 9.0.
c) Igual o superior a 8.5.
d) Igual o superior a 8.0.

**32. Para la calificación en el Doctorado el tribunal emitirá un informe y la calificación global concedida a la tesis de acuerdo con la siguiente escala:**

a) Numérica del 1 al 10.
b) Apto o no apto.
c) Insuficiente, aprobado, notable y sobresaliente.
d) No apto, aprobado, notable y sobresaliente.

**33. Para la calificación en el Doctorado el tribunal podrá otorgar la mención de *cum laude* si la calificación global es de:**

a) Sobresaliente y se emite en tal sentido el voto secreto positivo por unanimidad.
b) Sobresaliente o notable y se emite en tal sentido el voto secreto positivo por unanimidad.
c) Sobresaliente y se emite en tal sentido el voto secreto positivo por mayoría.
d) Sobresaliente o notable y se emite en tal sentido el voto secreto positivo por mayoría.

**34. Señala una de las repercusiones de la adopción del crédito europeo:**

a) Dotará al sistema de flexibilidad, con mayores oportunidades de formación en la Unión Europea.
b) Representará un importante cambio conceptual con grandes repercusiones sobre los métodos docentes y de aprendizaje.
c) Facilitará el reconocimiento de las cualificaciones profesionales.
d) Todas las respuestas son correctas.

**35. A tenor del concepto de crédito europeo, el número total de créditos establecido en los planes de estudio para cada curso académico:**

a) Será de 60.
b) Será de 50.
c) No podrá superar los 60.
d) No podrá superar los 50.

**36. Se podrá conceder la mención de "Matrícula de Honor" a los alumnos que obtuvieran la calificación igual o superior a 9.0, sin que su número pueda exceder:**

a) Del tres por ciento de los alumnos matriculados en la materia en el correspondiente curso académico.
b) Del cinco por ciento de los alumnos matriculados en la materia en el correspondiente curso académico.
c) Del siete por ciento de los alumnos matriculados en la materia en el correspondiente curso académico.
d) Del diez por ciento de los alumnos matriculados en la materia en el correspondiente curso académico.

**37. El Real Decreto por el que se establece el sistema europeo de créditos y el sistema de calificaciones en las titulaciones universitarias de carácter oficial y validez en todo el territorio nacional, fue aprobado:**

a) En enero de 2002.
b) En septiembre de 2002.
c) En enero de 2003.
d) En septiembre de 2003.

**38. El Real Decreto por el que se establece el sistema europeo de créditos y el sistema de calificaciones en las titulaciones universitarias de carácter oficial y validez en todo el territorio nacional, consta de un total de:**

a) 5 artículos.
b) 6 artículos.
c) 7 artículos.
d) 8 artículos.

**39. ¿Quién fija el número mínimo de créditos que deben ser asignados a una determinada materia en planes de estudio de enseñanzas conducentes a la obtención de títulos universitarios oficiales con validez en todo el territorio nacional?**

a) El Gobierno.
b) El Consejo de Universidades.
c) La Conferencia General de Política Universitaria.
d) El Consejo Social.

**40. La asignación de créditos a cada una de las materias que configuren el plan de estudios, y la estimación de su correspondiente número de horas, se entenderá referida a un estudiante dedicado a cursar a tiempo completo estudios universitarios durante un mínimo de:**

a) 35 semanas por curso académico.
b) 36 semanas por curso académico.

c) 40 semanas por curso académico.
d) 42 semanas por curso académico.

**41. La asignación de créditos a cada una de las materias que configuren el plan de estudios, y la estimación de su correspondiente número de horas, se entenderá referida a un estudiante dedicado a cursar a tiempo completo estudios universitarios durante un máximo de:**

a) 40 semanas por curso académico.
b) 42 semanas por curso académico.
c) 45 semanas por curso académico.
d) 50 semanas por curso académico.

# Solución al test n.º 12

**1.** c) Seis años desde la fecha de inicio de impartición del título o de renovación de la acreditación anterior.

**2.** a) El Rey.

**3.** a) El 15 por ciento del total de créditos que configuran el plan de estudios del título que se pretende obtener.

**4.** d) 60 créditos.

**5.** c) Un mínimo de 6 créditos para todos los títulos, y un máximo de 24 créditos para los títulos de 240 créditos, de 30 créditos en los títulos de 300 créditos y de 36 créditos en los títulos de 360 créditos.

**6.** b) El 40 y el 60 por ciento de la carga crediticia total del título de Grado.

**7.** a) Cuando al menos un 80 por ciento de créditos (ECTS) que lo configuran se imparten en dicha modalidad de enseñanza.

**8.** d) Al menos, un 5 por ciento.

**9.** a) El cincuenta por ciento del número total de créditos que componen el plan de estudios de Máster.

**10.** b) Ocho años desde la fecha de inicio de impartición del título o de renovación de la acreditación anterior.

**11.** a) El 20 por ciento de la carga crediticia del título.

**12.** a) La mitad de los créditos definidos para la obtención de la Mención Dual en el respectivo plan de estudios.

**13.** a) El 10 por ciento del límite de plazas de nuevo ingreso más bajo que tuvieran los títulos de Grado incluidos en el itinerario abierto correspondiente.

**14.** a) Seis meses.

**15.** b) Cuatro meses.

**16.** d) Un máximo de dos cursos académicos.

**17.** a) Seis años desde la fecha de inicio de impartición del título o de renovación de la acreditación anterior.

**18.** c) Un mínimo de 6 créditos ECTS y un máximo de 30.

**19.** c) 30 créditos.

**20.** c) Seis años desde la fecha de inicio del programa de Doctorado o de renovación de la acreditación anterior.

**21.** c) Seis meses.

**22.** d) El 25 por ciento de la carga crediticia total de dicho título.

**23.** c) Las Comunidades Autónomas.

**24.** d) Las respuestas b) y c) son correctas.

**25.** b) 240 créditos ECTS, salvo aquellos que estén sujetos a legislación específica o por las normas del Derecho de la Unión Europea a tener 300 o 360 créditos.

**26.** c) Suma de los créditos obtenidos por el alumno multiplicados cada uno de ellos por el valor de las calificaciones que correspondan, y dividida por el número de créditos totales obtenidos por el alumno.

**27.** d) El 1 de octubre de 2010.

**28.** b) 60.

**29.** b) 25.

**30.** a) 30.

**31.** b) Igual o superior a 9.0.

**32.** d) No apto, aprobado, notable y sobresaliente.

**33.** a) Sobresaliente y se emite en tal sentido el voto secreto positivo por unanimidad.

**34.** d) Todas las respuestas son correctas.

**35.** a) Será de 60.

**36.** b) Del cinco por ciento de los alumnos matriculados en la materia en el correspondiente curso académico.

**37.** d) En septiembre de 2003.

**38.** a) 5 artículos.

**39.** a) El Gobierno.

**40.** b) 36 semanas por curso académico.

**41.** a) 40 semanas por curso académico.

# TEST N.º 13

**El Servicio de Bibliotecas de la Universidad de Salamanca: organización y funciones. Reglamento de uso de las bibliotecas de la Universidad de Salamanca (aprobado en Consejo de Gobierno de 26 de mayo de 2011). El Servicio de Archivos de la Universidad de Salamanca. Clases de archivos y criterios de ordenación**

**1. ¿Qué órgano de la Universidad de Salamanca se encarga de conservar y gestionar su patrimonio bibliográfico?**

a) La Secretaria General de la USAL.
b) El Claustro Universitario.
c) La biblioteca de la Universidad de Salamanca.
d) La Gerencia de la USAL.

**2. ¿Cuál de las siguientes funciones de la Biblioteca está directamente relacionada con la preservación del patrimonio documental de la Universidad de Salamanca, sin importar su soporte ni época?**

a) Promover estrategias de mejora continuada para adaptarse a los cambios en las necesidades de los usuarios.
b) Procesar, conservar y difundir los recursos de información propios de la Universidad de Salamanca, independientemente de su soporte, de la época en que fueron confeccionados y su procedencia.
c) Planificar y gestionar la formación y el desarrollo de una colección de recursos de información.
d) Apoyar la formación de los miembros de la comunidad universitaria en el uso de los servicios de la biblioteca.

**3. ¿Qué servicio se considera obligatorio ofrecer a los usuarios de la Biblioteca según la normativa vigente?**

a) Intercambio internacional de documentos físicos.
b) Formación de usuarios.
c) Traducción de textos científicos.
d) Mantenimiento de bases de datos privadas.

**4. ¿Cuál de las siguientes opciones no forma parte de los servicios de acceso al documento que ofrece la Biblioteca?**

a) Préstamo domiciliario.
b) Traducción de textos científicos.
c) Lectura en sala.
d) Consulta de la biblioteca digital.

**5. La función de la Biblioteca orientada específicamente al personal bibliotecario, y no al usuario general, se trata de:**

a) Formación de usuarios.
b) Procesamiento y difusión de recursos.
c) Formación continua y permanente del personal de Biblioteca.
d) Acceso al documento en diferentes formatos.

**6. Los servicios ofrecidos por las Bibliotecas de la Universidad de Salamanca se han desarrollado en:**

a) La Orden del Rector correspondiente.
b) La Hoja de acceso a los servicios bibliotecarios de la USAL.
c) Los Estatutos de la USAL.
d) La Carta de Servicios de la Biblioteca.

**7. En caso de uso incorrecto de los espacios, equipos y recursos de las bibliotecas de la Universidad de Salamanca, ¿quién está autorizado para expulsar de las mismas a los autores?**

a) El personal de las Bibliotecas.
b) Cualquier usuario de las mismas.
c) Únicamente los agentes de la autoridad.
d) Ninguna respuesta es correcta.

**8. Indica la incorrecta. El Reglamento de uso de las bibliotecas de la Universidad de Salamanca:**

a) Normaliza el uso de las bibliotecas de la USAL.
b) Determina el régimen de depósito de las obras que conforman el acervo bibliotecario de la USAL.
c) Establece los derechos y deberes de los usuarios de las bibliotecas de la USAL.
d) Determina las condiciones de uso de las bibliotecas de la USAL.

**9. ¿Quién tiene derecho a usar las bibliotecas de la Universidad de Salamanca?**

a) Cualquier miembro de la comunidad universitaria de España con carnet universitario en vigor.
b) Quien disponga del carnet de usuario de las bibliotecas de la USAL.

c) Los miembros de la comunidad universitaria con carnet en vigor y quienes formen parte de instituciones ajenas con acuerdos específicos con la Universidad de Salamanca al respecto.

d) Cualquier persona.

**10. Las personas no vinculadas a la Universidad de Salamanca que deseen hacer uso de las salas de estudio o trabajo, tendrán que solicitar un permiso al/a la:**

a) Claustro Universitario.

b) Servicio de colaboración entre la Universidad y la Sociedad.

c) Dirección del Servicio de Archivos.

d) Dirección del Servicio de Bibliotecas.

**11. El Reglamento de uso de las bibliotecas de la Universidad de Salamanca autoriza para pedir la identificación que permita el uso de las bibliotecas y para denegar el ingreso al/a la:**

a) Personal de Bibliotecas.

b) Policía.

c) Cualquier miembro de la comunidad universitaria.

d) Personal de administración y servicios.

**12. En el uso de las bibliotecas la Universidad de Salamanca tendrá preferencia:**

a) El personal docente.

b) La comunidad universitaria.

c) Nadie.

d) Quien así conste en permiso especial a tal finalidad.

**13. El empleo de los espacios, servicios y recursos de las bibliotecas de la Universidad de Salamanca por parte de la comunidad universitaria será:**

a) Presencial y telemático.

b) Únicamente presencial.

c) Telemático en todo caso.

d) Principalmente telemático, aunque podrá ser presencial cuando así se autorice expresamente.

**14. La disposición de recursos y equipos para préstamo domiciliario en las bibliotecas de la USAL:**

a) Es un derecho de todos los usuarios.

b) Solo se contempla para los miembros de la comunidad universitaria con carnet en vigor.

c) No es un derecho contemplado en el Reglamento de uso, aunque sí en los Estatutos de la USAL.

d) Solo se reconoce la personal docente.

**15. No es uno de los deberes de los usuarios de las bibliotecas de la USAL:**

a) Respetar la integridad de los recursos de información, equipos e instalaciones.
b) Advertir al personal de bibliotecas del mal uso de equipamientos y recursos.
c) Cumplir las indicaciones del personal y las normativas.
d) Emplear los equipamientos y recursos únicamente para fines de estudio, formación, docencia e investigación.

**16. Entre las condiciones generales de uso de las bibliotecas de la USAL:**

a) No está permita la modificación de la disposición del equipamiento y mobiliario de las bibliotecas.
b) Está permitida la reserva de puestos de estudio o trabajo para uso propio por tiempo inferior a una hora.
c) No está permitida la introducción de ningún tipo de comida o bebida en las salas de estudio o trabajo ni en las zonas públicas de las bibliotecas.
d) No está permitido el uso de dispositivos en las salas de estudio y trabajo ni en las áreas públicas de las bibliotecas.

**17. Quien haga un uso incorrecto de los espacios, equipos y recursos de las bibliotecas de la Universidad de Salamanca podrá ser expulsado por:**

a) Cualquier miembro de la comunidad universitaria.
b) El personal de las bibliotecas.
c) Acuerdo del Claustro universitario.
d) Orden del Rector.

**18. Podrán disponer de normativa complementaria a la aprobada en el reglamento de uso, para regular de forma específica el uso de sus espacios, servicios y colecciones, aquellas bibliotecas que:**

a) Su uso esté restringido a temas de docencia e investigación exclusivamente
b) No sean de uso generalizado para personas ajenas a la USAL.
c) No se integren en el sistema universitario, pero pertenezcan a la USAL.
d) Custodian colecciones patrimoniales y de valor singular.

**19. ¿A qué unidad de la Universidad de Salamanca le corresponde la función de marcar las directrices de la política archivística y bibliotecaria?**

a) A la Secretaria Técnica.
b) Al Servicio de Archivos y Bibliotecas.
c) A la Unidad de Gestión de Activos.
d) Al Departamento de Gerencia.

**20. ¿Qué órgano de la USAL es el competente para nombra al titular de la dirección del Servicio Universitario de Archivos y Bibliotecas?**

a) La Secretaria Técnica.
b) La Junta de Gobierno.

c) El Claustro.
d) El Rector.

**21. La institución cultural y órgano administrativo de la comunidad universitaria salmanticense encargado de la organización, conservación y servicio del Patrimonio Documental se denomina:**

a) El Patrimonio Bibliográfico.
b) La Memoria archivística.
c) El Archivo.
d) La Biblioteca.

**22. ¿Y el el conjunto orgánico de documentos producidos o reunidos por la Universidad de Salamanca, o por los miembros de su comunidad, en el ejercicio de sus funciones?**

a) La Biblioteca.
b) El Archivo.
c) El Patrimonio Bibliográfico.
d) La Memoria archivística.

**23. ¿A qué órgano corresponde el establecimiento del sistema archivístico de la Universidad de Salamanca?**
a) Al Servicio de Biblioteca.
b) Al Servicio de Archivos.
c) Al Servicio de Patrimonio Bibliográfico.
d) A la de Memoria archivística.

**24. La unidad encargada del estudio y dictamen de las cuestiones relativas a la calificación y utilización de los documentos de la Universidad, así como su integración en el Archivo y el régimen de su acceso e inutilidad administrativa se llama:**

a) Servicio de Biblioteca.
b) Servicio de Archivos.
c) Comisión Calificadora de Documentos Administrativos.
d) Junta de Documentos Archivísticos.

**25. Corresponde al Archivo Intermedio:**

a) La elaboración del cuadro de clasificación.
b) La coordinación de los distintos archivos de gestión.
c) La identificación y valoración de aquella documentación que no ha sido objeto de estudio por los archivos centrales.
d) El fomento de la difusión y gestión cultural del patrimonio documental custodiado.

# Solución al test n.º 13

**1.** c) La biblioteca de la Universidad de Salamanca.

**2.** b) Procesar, conservar y difundir los recursos de información propios de la Universidad de Salamanca, independientemente de su soporte, de la época en que fueron confeccionados y su procedencia.

**3.** b) Formación de usuarios.

**4.** d) Consulta de la biblioteca digital.

**5** c) Formación continua y permanente del personal de Biblioteca.

**6.** d) La Carta de Servicios de la Biblioteca.

**7.** a) El personal de las Bibliotecas.

**8.** b) Determina el régimen de depósito de las obras que conforman el acervo bibliotecario de la USAL.

**9.** d) Cualquier persona.

**10.** d) Dirección del Servicio de Bibliotecas.

**11.** a) Personal de Bibliotecas.

**12.** b) La comunidad universitaria.

**13.** a) Presencial y telemático.

**14.** a) Es un derecho de todos los usuarios.

**15.** b) Advertir al personal de bibliotecas del mal uso de equipamientos y recursos.

**16.** a) No está permita la modificación de la disposición del equipamiento y mobiliario de las bibliotecas.

**17.** b) El personal de las bibliotecas.

**18.** d) Custodian colecciones patrimoniales y de valor singular.

**19.** b) Al Servicio de Archivos y Bibliotecas.

**20.** d) El Rector.

**21.** c) El Archivo.

**22.** b) El Archivo.

**23.** b) Al Servicio de Archivos.

**24.** c) Comisión Calificadora de Documentos Administrativos.

**25.** c) La identificación y valoración de aquella documentación que no ha sido objeto de estudio por los archivos centrales.

# BLOQUE II

# TEST N.º 1

**Procesadores de texto: Word 2016. Principales funciones y utilidades. Creación y estructuración del documento. Gestión, grabación, recuperación, impresión y control de versiones de documentos. Personalización del entorno de trabajo. Tablas. Objetos. Columnas. Encabezado y pie de página. Viñetas, numeración y esquema numerado. Creación de estilos. Formato de fuente, párrafo y página. Tabulaciones. Combinación de correspondencia. Protección del documento por contraseña. Diseño de impresión**

**1. ¿Cómo se llama el Tipo de Letra usada en un documento?**

a) Formato de Fuente.
b) Fuente.
c) Ambas son correctas.
d) Ninguna es correcta.

**2. En el grupo Fuente, el botón de subíndice:**

a) Alza el texto seleccionado por debajo de la línea de base.
b) Desciende el texto seleccionado sobre la línea de base.
c) Ambas son correctas.
d) Ninguna es correcta.

**3. En un proceso de combinar correspondencia de Word 2016:**

a) Podemos insertar campos de una base de datos.
b) Podemos filtrar datos de una base de datos.
c) Ambas son correctas.
d) Ninguna es correcta.

**4. Si hacemos clic en el color de Fuente Automático:**

a) Se aplica el color definido en el Panel de Control de Windows.
b) Aplica color Negro.

c) Ambas son correctas.
d) Ninguna es correcta.

**5. Selecciona el tipo de subrayados correcto:**

a) Subrayado Onda Grueso.
b) Subrayado Onda Doble.
c) Ambas son correctas.
d) Ninguna es correcta.

**6. En la lista desplegable de Escala, ¿se puede expandir o comprimir el texto entre qué porcentajes?**

a) 1 a 1000.
b) 1 a 600.
c) 1 a 450.
d) Ninguna es correcta.

**7. La alineación es un comando de Word 2016 que afecta a:**

a) La selección de texto.
b) La dirección del texto.
c) Ambas son correctas.
d) Ninguna es correcta.

**8. En un proceso de combinar correspondencia de Word 2016 necesitamos:**

a) Una base de datos u origen de datos.
b) Un formulario de entrada de campos.
c) Ambas son correctas.
d) Ninguna es correcta.

**9. Un estilo de Word 2016 es un conjunto de características de formato:**

a) Que se puede aplicar al texto de un documento.
b) Que se puede aplicar a la imagen de un documento.
c) Ambas son correctas.
d) Ninguna es correcta.

**10. La combinación de teclas para la alineación centrada es:**

a) CTRL + T.
b) CTRL + Q.
c) CTRL + J.
d) Ninguna es correcta.

### 11. El interlineado se puede definir como:

a) El espacio que hay entre los párrafos de un documento.
b) El espacio que hay entre los caracteres de un párrafo.
c) El espacio que hay entre los párrafos seleccionados.
d) Ninguna es correcta.

### 12. El botón Borrar Formato:

a) Deja el texto sin formato.
b) Borra todo el Formato de la selección.
c) Ambas son correctas.
d) Ninguna es correcta.

### 13. Los sangrados en Word 2016:

a) Definen el límite izquierdo de los párrafos de un documento.
b) Definen el límite derecho de los párrafos de un documento.
c) Ambas son correctas.
d) Ninguna es correcta.

### 14. La sangría francesa:

a) Controla el límite izquierdo de todas las líneas del párrafo menos la segunda.
b) Controla el límite izquierdo de todas las líneas del párrafo menos la última.
c) Controla el límite izquierdo de todas las líneas del párrafo menos la primera.
d) Ninguna es correcta.

### 15. Para disminuir un nivel en una lista Multinivel de Word 2016 pulsamos:

a) Mayúsculas + Control.
b) Mayúsculas + Ins.
c) Mayúsculas + L.
d) Ninguna es correcta.

### 16. ¿Cuántas listas desplegables hay en el cuadro de diálogo de Fuente?

a) 4.
b) 3.
c) 6.
d) Ninguna es correcta.

### 17. La carta modelo en un proceso de combinar correspondencia de Word 2016:

a) Incluirá el texto que no varía.
b) Tendrá la tabla de datos para combinar.

c) Ambas son correctas.
d) Ninguna es correcta.

**18. En un proceso de combinar correspondencia de Word 2016 se usan:**

a) Cartas y Sobres.
b) Mensajes de correo electrónico.
c) Ambas son correctas.
d) Ninguna es correcta.

**19. Un estilo de Word 2016 puede ser:**

a) De párrafo, carácter, imagen y tabla.
b) De párrafo, carácter, imagen y lista.
c) De párrafo, carácter, lista y tabla.
d) Ninguna es correcta.

**20. La biblioteca de viñetas es:**

a) El conjunto de viñetas usadas en el documento actual.
b) El conjunto de viñetas disponibles para usar.
c) El conjunto de viñetas de tipo párrafo.
d) Ninguna es correcta.

# Solución al test n.º 1

**1.** b) Fuente.

**2.** d) Ninguna es correcta.

**3.** c) Ambas son correctas.

**4.** a) Se aplica el color definido en el Panel de Control de Windows.

**5.** a) Subrayado Onda Grueso.

**6.** b) 1 a 600.

**7.** d) Ninguna es correcta.

**8.** a) Una base de datos u origen de datos.

**9.** a) Que se puede aplicar al texto de un documento.

**10.** a) CTRL + T.

**11.** d) Ninguna es correcta.

**12.** c) Ambas son correctas.

**13.** c) Ambas son correctas.

**14.** c) Controla el límite izquierdo de todas las líneas del párrafo menos la primera.

**15.** d) Ninguna es correcta.

**16.** b) 3.

**17.** a) Incluirá el texto que no varía.

**18.** c) Ambas son correctas.

**19.** c) De párrafo, carácter, lista y tabla.

**20.** b) El conjunto de viñetas disponibles para usar.

# TEST N.º 2

**Hojas de cálculo: Excel 2016. Principales funciones y utilidades. Libros, hojas y celdas. Configuración. Introducción y edición de datos. Fórmulas, funciones y referencias a hojas y celdas. Gráficos. Gestión de datos. Personalización del entorno de trabajo. Formato de celdas. Formatos condicionales. Protección de la hoja de cálculo por contraseña. Diseño de impresión**

**1. En la celda activa de Excel 2016 podemos introducir:**

a) Fórmulas y Tablas de datos.
b) Fórmulas y datos constantes.
c) Ambas son correctas.
d) Ninguna es correcta.

**2. Las constantes de Excel 2016 pueden ser valores:**

a) Numéricos y de tipo texto.
b) Horas y Fechas.
c) Ambas son correctas.
d) Ninguna es correcta.

**3. Si en una celda aparecen símbolos de sostenido (#####):**

a) Está en notación científica negativa.
b) Es un valor de texto incorrecto.
c) El valor no cabe en la altura de la celda.
d) Ninguna es correcta.

**4. De manera predeterminada, Excel 2016:**

a) Muestra 1 hoja de cálculo.
b) Muestra 5 hojas de cálculo.
c) Muestra 10 hojas de cálculo.
d) Ninguna es correcta.

**5. La opción de ocultar Hoja de Excel 2016 podemos encontrarla en:**

a) El botón de lista Insertar.
b) El botón de lista Hoja.
c) El botón de lista Formato.
d) Ninguna es correcta.

**6. La etiqueta de la hoja de cálculo se colorea totalmente cuando:**

a) Estás en una hoja distinta.
b) Estás en la propia hoja.
c) Ambas son correctas.
d) Ninguna es correcta.

**7. En la ficha de Diseño de Página, en el grupo Configurar Página, podemos:**

a) Definir los márgenes de la hoja.
b) Definir los saltos de página.
c) Ambas son correctas.
d) Ninguna es correcta.

**8. La escala de ajuste de la hoja de cálculo, tiene un valor máximo de:**

a) 100 %.
b) 400 %.
c) 250 %.
d) Ninguna es correcta.

**9. Un encabezado en Excel 2016 es la parte de la Hoja que está:**

a) Entre el borde inferior y el margen superior.
b) Entre el borde inferior y el margen inferior.
c) Entre el borde superior y el margen superior.
d) Ninguna es correcta.

**10. El código #N/A es:**

a) Error de acceso a la celda.
b) Formula matricial.
c) Error de celda.
d) Ninguna es correcta.

**11. Las funciones de Excel 2016 son:**

a) Fórmulas predefinidas.
b) Cálculos predefinidos.

c) Argumentos predefinidos.
d) Ninguna es correcta.

## 12. La función "=SUMA(A1 ; A8 ; A10):

a) Suma todas las celdas desde la A1 a la A8 y además la A10.
b) Suma todas las celdas desde la A1 a la A10 menos la A8.
c) Suma todas las celdas desde la A1 a la A8 y el resultado lo coloca en la A10.
d) Ninguna es correcta.

## 13. La función "=SUMA(A1 ; 3 ; A8):

a) Suma 3 veces la celda A1 y la A8.
b) Suma la celda A1 y 3 veces la celda A8.
c) No es una formula correcta.
d) Ninguna es correcta.

## 14. La función RESIDUO:

a) Calcula el interés residual de un préstamo.
b) Devuelve el resto de una división.
c) Ambas son correctas.
d) Ninguna es correcta.

## 15. La función" =REDONDEAR (B3 ; -2)":

a) Dará un error como resultado.
b) Redondea el valor B3 al valor más cercano a "-2".
c) Redondea el valor B3 y le resta "2".
d) Ninguna es correcta.

## 16. Un gráfico en Excel 2016 puede tener:

a) Eje X.
b) Eje X, Eje Y.
c) Eje X, Eje Y, Eje Z.
d) Ninguna es correcta.

## 17. El eje de valores de un gráfico en columnas:

a) Puede ser el eje vertical.
b) Puede ser el eje horizontal.
c) Ambas son correctas.
d) Ninguna es correcta.

**18. Si en los rótulos de la lista aparecen botones de lista desplegable es porque:**

a) Se ha realizado una ordenación personalizada.
b) Se ha realizado un Filtrado.
c) Se ha realizado un Subtotal.
d) Ninguna es correcta.

**19. Los datos de una lista de una hoja de cálculo se ordenan:**

a) Alfabéticamente.
b) Personalizadamente.
c) Ambas son correctas.
d) Ninguna es correcta.

**20. El área de trazado de un gráfico:**

a) Es el área total ocupada por el gráfico.
b) Es el área que ocupa la representación de las series de datos.
c) Es el área que ocupan el título y la leyenda del gráfico.
d) Ninguna es correcta.

# Solución al test n.º 2

**1.** b) Fórmulas y datos constantes.

**2.** c) Ambas son correctas.

**3.** d) Ninguna es correcta.

**4.** a) Muestra 1 hoja de cálculo.

**5.** c) El botón de lista Formato.

**6.** a) Estás en una hoja distinta.

**7.** c) Ambas son correctas.

**8.** b) 400 %.

**9.** c) Entre el borde superior y el margen superior.

**10.** c) Error de celda.

**11.** a) Fórmulas predefinidas.

**12.** d) Ninguna es correcta.

**13.** d) Ninguna es correcta.

**14.** b) Devuelve el resto de una división.

**15.** d) Ninguna es correcta.

**16.** c) Eje X, Eje Y, Eje Z.

**17.** c) Ambas son correctas.

**18.** b) Se ha realizado un Filtrado.

**19.** c) Ambas son correctas.

**20.** b) Es el área que ocupa la representación de las series de datos.

# TEST N.º 3

Herramientas colaborativas: Google Workspace. Correo electrónico: conceptos elementales y funcionamiento. El entorno de trabajo. Enviar, recibir, responder, reenviar mensajes, adjuntar archivos. Campos con copia y con copia oculta. Creación de mensajes. Creación de carpetas/etiquetas. Clasificación y organización de mensajes en carpetas/etiquetas. Reglas/filtros de mensajes. Libreta de contactos/direcciones. Listas de distribución. Google Drive, Meet, Calendar, Chat y Forms

**1. ¿Qué permiten los filtros en Gmail?**

a) Bloquear direcciones de correo no deseadas.
b) Crear reglas para organizar automáticamente los mensajes entrantes.
c) Insertar firmas digitales en los correos.
d) Convertir correos en eventos de Google Calendar.

**2. En Google Contactos, la función "Combinar y corregir" sirve para:**

a) Eliminar contactos sin dirección de correo.
b) Unificar contactos duplicados en una sola ficha.
c) Convertir contactos en eventos de Calendar.
d) Guardar contactos en formato HTML.

**3. ¿Qué característica tiene Google Contactos?**

a) Sincronización automática en los dispositivos vinculados.
b) Se instala como aplicación independiente en Windows.
c) Solo guarda contactos de Gmail.
d) Funciona sin conexión a internet.

**4. Google Meet ofrece subtítulos automáticos para:**

a) Facilitar la comprensión durante las reuniones.
b) Traducir los mensajes de chat.

c) Añadir notas a los eventos de Calendar.

d) Convertir reuniones en transcripciones.

### 5. En Gmail, las etiquetas permiten:

a) Ordenar los correos electrónicos en carpetas estáticas.

b) Clasificar los mensajes de manera flexible en varias categorías.

c) Cifrar los correos de forma automática.

d) Convertir mensajes en recordatorios.

### 6. Google Calendar permite programar reuniones teniendo en cuenta:

a) La disponibilidad de los contactos.

b) Solo los días festivos nacionales.

c) El tiempo atmosférico.

d) El historial de correos.

### 7. Google Contactos permite importar contactos desde:

a) Archivos CSV o vCard.

b) Documentos PDF.

c) Archivos de audio.

d) Presentaciones de Google Slides.

### 8. Google Meet incluye la función de:

a) Cancelación de ruido para mejorar el audio.

b) Traducción automática simultánea.

c) Programación de correos electrónicos.

d) Generación de formularios.

### 9. En Gmail se pueden crear filtros para:

a) Cambiar automáticamente el idioma de los correos.

b) Organizar los mensajes entrantes de manera automática.

c) Insertar subtítulos en los mensajes.

d) Programar reuniones desde el correo.

### 10. En Google Meet se puede:

a) Compartir pantalla con los participantes.

b) Descargar automáticamente las grabaciones sin permiso.

c) Organizar eventos en Google Sites.

d) Exportar la reunión a PDF.

### 11. Google Meet puede integrarse con:

a) Jamboard, como pizarra colaborativa.
b) Google Sites para crear blogs.
c) Google Keep para notas privadas.
d) Google Earth para mapas.

### 12. En Google Contactos se pueden usar etiquetas para:

a) Organizar y agrupar contactos.
b) Añadir filtros de spam.
c) Crear eventos automáticos en Calendar.
d) Convertir contactos en documentos PDF.

### 13. ¿Cuál fue el servicio que Google Chat vino a sustituir?

a) Google Spaces.
b) Google Meet.
c) Google Hangouts.
d) Google Duo.

### 14. Una de las ventajas de Google Chat frente a WhatsApp o Telegram es:

a) Permitir enviar SMS directamente.
b) Estar integrado de forma nativa en Google Workspace.
c) Tener videollamadas de mayor calidad.
d) No necesitar conexión a internet.

### 15. ¿Desde qué plataformas es posible acceder a Google Chat?

a) Únicamente desde Gmail.
b) Desde web, Gmail, apps móviles y PWA.
c) Solo desde móviles con Android.
d) Desde Windows y macOS con app oficial.

### 16. En Gmail, Google Chat se muestra en el panel lateral izquierdo junto con:

a) Documentos y Hojas de cálculo.
b) Chat, Espacios y Reuniones.
c) Contactos y Calendario.
d) Meet y Keep.

### 17. ¿Qué tipo de chat no incluye funciones como hilos ni tareas?

a) Espacios.
b) Chat en grupo.

c) Chat individual.
d) Chat professional.

### 18. Los espacios en Google Chat permiten:

a) Videollamadas, hilos y tareas colaborativas.
b) Solo mensajes de texto y emojis.
c) Enviar SMS y correos electrónicos.
d) Crear únicamente chats temporales.

### 19. ¿Qué función NO está disponible en los chats individuales?

a) Compartir archivos.
b) Reacciones con emojis.
c) Crear tareas asociadas al chat.
d) Iniciar videollamadas.

### 20. ¿Qué opción de notificaciones permite recibir alertas únicamente cuando nos mencionan con @usuario?

a) Ninguna.
b) Todas las notificaciones.
c) Solo menciones.
d) Personalizadas desde móvil.

### 21. ¿Qué ocurre si se elimina una conversación individual en Google Chat?

a) Se borra para ambos participantes.
b) Solo desaparece para quien la elimina.
c) Se archiva automáticamente en Drive.
d) Se bloquea al otro usuario.

### 22. ¿Cuál de estas afirmaciones refleja mejor la filosofía de diseño de Google Forms frente a otras herramientas de creación de formularios?

a) Ofrece una gran cantidad de menús avanzados que requieren formación técnica previa.
b) Su enfoque está en un diseño minimalista, con lo esencial accesible desde un solo vistazo.
c) Solo se puede usar como complemento de Google Classroom, no de manera independiente.
d) Prioriza las opciones de seguridad sobre la usabilidad, limitando el acceso al público.

### 23. ¿Cómo se accede directamente a Google Forms desde un navegador?

a) Escribiendo drive.google.com/forms.
b) Escribiendo forms.google.com.

c) Escribiendo docs.google.com/forms.
d) Ninguna es correcta.

**24. Una ventaja de iniciar un formulario desde Google Drive es:**

a) Permite insertar automáticamente secciones de preguntas.
b) Se guarda directamente en la carpeta donde estamos trabajando.
c) Se convierte automáticamente en cuestionario.
d) Se genera un enlace corto por defecto.

**25. En el área de edición de la interfaz de Google Forms, cada pregunta aparece como:**

a) Una pestaña independiente.
b) Un bloque independiente con controles de edición.
c) Una celda vinculada a Google Sheets.
d) Una nota emergente editable.

**26. ¿Qué se puede hacer desde la barra lateral derecha?**

a) Cambiar colores y tipografía.
b) Añadir preguntas, imágenes, vídeos y secciones.
c) Insertar fórmulas de cálculo.
d) Exportar respuestas a CSV.

**27. ¿Qué pestaña permite revisar gráficamente las respuestas recibidas?**

a) Preguntas.
b) Configuración.
c) Respuestas.
d) Vista previa.

**28. ¿Cuál de las siguientes opciones corresponde al menú de personalización del tema?**

a) Añadir validaciones de respuesta.
b) Cambiar imagen de encabezado y colores de fondo.
c) Insertar comentarios de los participantes.
d) Establecer límites de tiempo.

**29. Si se marca "Formulario obligatorio" en una pregunta, significa que:**

a) El usuario no puede enviar el formulario sin responderla.
b) El formulario se convierte en cuestionario.
c) La pregunta se duplicará automáticamente.
d) Solo se podrá contestar con texto corto.

**30. ¿Qué tipo de pregunta permite subir documentos como respuesta?**

a) Respuesta corta.
b) Casillas de verificación.
c) Subida de archivos.
d) Párrafo.

**31. ¿Cuál es la capacidad de almacenamiento gratuito que Google Drive ofrece a cada usuario y qué servicios lo comparten?**

a) 10 GB para Drive y Documentos de Google.
b) 25 GB compartido con Gmail y Google Meet.
c) 15 GB compartido entre Google Drive, Gmail y Google Photos.
d) Ilimitado solo para documentos de Google Docs.

**32. ¿Cuál de las siguientes NO es una característica general destacada de Google Drive?**

a) Colaboración en tiempo real.
b) Acceso sin conexión.
c) Versiones de archivos.
d) Generación automática de informes financieros complejos.

**33. Para acceder a Google Drive, ¿cuál de estas opciones NO se menciona como una forma de acceso directo?**

a) Desde un navegador web.
b) Desde la aplicación móvil.
c) Desde una aplicación de Google Workspace como Google Docs.
d) A través de un servidor FTP dedicado.

**34. En la interfaz web de Google Drive, la sección "Compartidos conmigo" tiene como función principal:**

a) Mostrar los archivos que has creado y subido recientemente.
b) Visualizar todos los archivos y carpetas que otros usuarios han compartido contigo.
c) Acceder a los elementos que has marcado como importantes.
d) Contener los archivos eliminados que puedes restaurar.

**35. Si subes un archivo a Google Drive con el mismo nombre que uno ya existente y deseas mantener un registro del historial de cambios (versiones), ¿qué acción manual debes realizar?**

a) Simplemente reemplazar el archivo existente.
b) Crear una copia con un nombre diferente.

c) Seleccionar el archivo existente, hacer clic derecho y usar "Administrar versiones" para "Subir nueva versión".

d) Eliminar el archivo antiguo y luego subir el nuevo.

**36. En la gestión de acceso a un objeto de Google Drive (Compartir), el rol de "EDITOR" permite a los colaboradores:**

a) Solo ver el archivo y añadir comentarios.

b) Añadir y editar contenido, además de añadir comentarios.

c) Únicamente añadir comentarios sin modificar el contenido.

d) Controlar los permisos de otros usuarios.

**37. ¿Qué ocurre con los archivos que se eliminan de Google Drive?**

a) Se eliminan permanentemente de inmediato del almacenamiento.

b) Se mueven a la Papelera de Drive y continúan contando para el almacenamiento total hasta que se eliminan de forma permanente.

c) Se archivan automáticamente en Google Vault.

d) Se transfieren a una copia de seguridad externa.

**38. Además del inicio de sesión tradicional con correo electrónico y contraseña, ¿qué mecanismo de seguridad adicional recomienda Google para las cuentas de Google Workspace y en muchos casos exige?**

a) El uso de VPN (Red Privada Virtual).

b) La verificación en dos pasos (2FA).

c) La creación de contraseñas de más de 30 caracteres.

d) El acceso mediante huella digital solamente.

**39. Cuando necesitas desconectarte completamente de tu cuenta de Google Workspace en un navegador web, la opción correcta para finalizar la sesión es:**

a) Simplemente cerrar la pestaña del navegador.

b) Borrar el historial y las cookies del navegador.

c) Hacer clic en tu icono de perfil y seleccionar "Cerrar sesión".

d) Recargar la página principal de Google.

**40. La principal ventaja de habilitar el "Acceso sin conexión" para tus archivos en Google Drive es que permite:**

a) Cifrar automáticamente todos los documentos para mayor seguridad.

b) Reducir el consumo de espacio de almacenamiento en la nube.

c) Ver y editar documentos sin necesidad de tener una conexión a Internet.

d) Compartir archivos de manera más rápida con otros usuarios.

# Solución al test n.º 3

**1.** b) Crear reglas para organizar automáticamente los mensajes entrantes

**2.** b) Unificar contactos duplicados en una sola ficha

**3.** a) Sincronización automática en los dispositivos vinculados

**4.** a) Facilitar la comprensión durante las reuniones

**5.** b) Clasificar los mensajes de manera flexible en varias categorías

**6.** a) La disponibilidad de los contactos

**7.** a) Archivos CSV o vCard

**8.** a) Cancelación de ruido para mejorar el audio

**9.** b) Organizar los mensajes entrantes de manera automática

**10.** a) Compartir pantalla con los participantes

**11.** a) Jamboard, como pizarra colaborativa

**12.** a) Organizar y agrupar contactos

**13.** c) Google Hangouts

**14.** b) Estar integrado de forma nativa en Google Workspace

**15.** b) Desde web, Gmail, apps móviles y PWA

**16.** b) Chat, Espacios y Reuniones

**17.** b) Chat en grupo

**18.** a) Videollamadas, hilos y tareas colaborativas

**19.** c) Crear tareas asociadas al chat

**20.** c) Solo menciones

**21.** b) Solo desaparece para quien la elimina

**22.** b) Su enfoque está en un diseño minimalista, con lo esencial accesible desde un solo vistazo.

**23.** b) Escribiendo forms.google.com

**24.** b) Se guarda directamente en la carpeta donde estamos trabajando.

**25.** b) Un bloque independiente con controles de edición.

**26.** b) Añadir preguntas, imágenes, vídeos y secciones.

**27.** c) Respuestas.

**28.** b) Cambiar imagen de encabezado y colores de fondo.

**29.** a) El usuario no puede enviar el formulario sin responderla.

**30.** c) Subida de archivos.

**31.** c) 15 GB compartido entre Google Drive, Gmail y Google Photos.

**32.** d) Generación automática de informes financieros complejos.

**33.** d) A través de un servidor FTP dedicado.

**34.** b) Visualizar todos los archivos y carpetas que otros usuarios han compartido contigo.

**35.** c) Seleccionar el archivo existente, hacer clic derecho y usar "Administrar versiones" para "Subir nueva versión".

**36.** b) Añadir y editar contenido, además de añadir comentarios.

**37.** b) Se mueven a la Papelera de Drive y continúan contando para el almacenamiento total hasta que se eliminan de forma permanente.

**38.** b) La verificación en dos pasos (2FA).

**39.** c) Hacer clic en tu icono de perfil y seleccionar "Cerrar sesión".

**40.** c) Ver y editar documentos sin necesidad de tener una conexión a Internet.

**Seguridad informática en el puesto de trabajo. Conceptos básicos: Confidencialidad, Integridad y Disponibilidad de la información. Gestión segura de contraseñas. Bloqueo de sesión del equipo. Concepto de malware, vías de infección más habituales y medidas de prevención básicas. Identificación y prevención del fraude electrónico (phishing). Importancia de las copias de seguridad. Destrucción segura de la información**

**1. Los principios básicos y requisitos mínimos requeridos para una protección adecuada de la información constituyen:**

a) El Esquema Nacional de Seguridad.
b) El Esquema Nacional de Interoperabilidad.
c) La estrategia TIC.
d) El Plan de Transformación digital de la Administración General del Estado.

**2. La letra [C] señala, en relación con la seguridad de la información o de los sistemas, una dimensión de seguridad de:**

a) Cualificación.
b) Confidencialidad.
c) Capacitación.
d) Certificación.

**3. Un incidente de seguridad que afecte a alguna de las dimensiones de seguridad supone un perjuicio muy grave sobre las funciones de la organización, sobre sus activos o sobre los individuos afectados, cuando:**

a) Reduzca de forma apreciable la capacidad de la organización para atender eficazmente sus funciones y competencias, aunque estas sigan desempeñándose.
b) Cause un daño significativo en los activos de la organización.
c) Cause un perjuicio significativo a algún individuo, de difícil reparación.
d) Anule efectivamente la capacidad de la organización para desarrollar eficazmente sus funciones y competencias.

**4. Aquella dimensión de la interoperabilidad relativa a que la información intercambiada pueda ser interpretable de forma automática y reutilizable por aplicaciones que no intervinieron en su creación, se denomina:**

a) Interoperabilidad semántica.
b) Interoperabilidad técnica.
c) Interoperabilidad en el tiempo.
d) Interoperabilidad organizativa.

**5. Las condiciones y las garantías por las que se regirá la transmisión de documentos electrónicos en entornos cerrados de comunicaciones entre distintas Administraciones públicas se establecerán:**

a) Por ley.
b) Por Real Decreto.
c) Mediante convenio suscrito entre aquellas.
d) En una Conferencia Sectorial.

**6. La aplicación del principio de seguridad en los ficheros de datos de carácter personal supone garantizar tres elementos básicos. Señalar cuál de los siguientes es erróneo:**

a) Integridad.
b) Aleatoriedad.
c) Disponibilidad.
d) Confidencialidad.

**7. Cómo se llama el documento que recoge las medidas de índole técnica y organizativa acorde a la normativa de seguridad vigente, de obligado cumplimiento para el personal con acceso a los datos de carácter personal:**

a) Documento de fiabilidad.
b) Documento de seguridad.
c) Documento de garantías.
d) Documento de responsabilidades.

**8. Los ficheros o tratamientos de Administraciones tributarias, y que se relacionen con el ejercicio de sus potestades tributarias, han de contar con un nivel de seguridad de tipo:**

a) Nivel básico.
b) Nivel medio.
c) Nivel alto.
d) Nivel básico o medio.

**9. En relación a la identificación y autenticación de usuarios de ficheros automatizados, se obliga a partir del nivel básico de seguridad a cambiar las contraseñas, con una periodicidad:**

a) Menor a 6 meses.
b) Menor de dos años.
c) Menor de un año.
d) Menor de tres meses.

**10. Los ficheros automatizados deben realizar una copia de respaldo, al menos:**

a) Cada día.
b) Semanalmente.
c) Quincenalmente.
d) Mensualmente.

**11. ¿Qué afirmación es correcta acerca del documento de seguridad?**

a) El responsable de los ficheros con datos personales, elaborará un único documento de seguridad que cubra todos los ficheros de los que es responsable.
b) Entre los aspectos optativos a incluir dentro del documento se encuentra la descripción de los sistemas de información que los tratan.
c) Deberá incluir siempre las medidas que es necesario adoptar para el transporte de soportes y documentos.
d) Será obligatorio incluir en todo caso la identificación del responsable o responsables de seguridad.

**12. Cuál de las siguientes consecuencias por incidentes de seguridad que afecte a alguna de las dimensiones de seguridad supone un perjuicio limitado sobre las funciones de la organización, sobre sus activos o sobre los individuos afectados:**

a) El incumplimiento material de alguna ley o regulación, o el incumplimiento formal que no tenga carácter de subsanable.
b) La anulación de la capacidad de la organización para atender a alguna de sus obligaciones fundamentales y que estas sigan desempeñándose.
c) El sufrimiento de un daño significativo por los activos de la organización.
d) La reducción de forma apreciable de la capacidad de la organización para atender eficazmente con sus obligaciones corrientes, aunque estas sigan desempeñándose.

**13. El Esquema Nacional de Seguridad está constituido por los principios básicos y requisitos mínimos que garanticen adecuadamente la seguridad de la información tratada. Entre los principios básicos figura:**

a) Protección de las instalaciones.
b) Seguridad por defecto.
c) Reevaluación periódica.
d) Prevención ante otros sistemas de información interconectados.

**14. ¿Cuál de los siguientes es un principio básico del Esquema Nacional de Seguridad?**

a) Enfoque de seguridad multilateral.
b) Prevención, detección, respuesta y conservación.
c) Reevaluación integral.
d) Seguridad multidimensional.

**15. Conforme al artículo 35 del RGPD, cuando sea probable que un tipo de tratamiento, en particular si utiliza nuevas tecnologías, por su naturaleza, alcance, contexto o fines, entrañe un alto riesgo para los derechos y libertades de las personas físicas, el responsable del tratamiento deberá realizar, antes del tratamiento:**

a) Una declaración jurada de los fines del tratamiento.
b) Una consulta previa a la autoridad de control.
c) Una evaluación del impacto de las operaciones de tratamiento en la protección de datos personales.
d) La elaboración de un código de conducta para la correcta aplicación del RGPD.

**16. La valoración de la procedencia de realizar la evaluación de impacto en la protección de datos corresponde a:**

a) A la autoridad judicial.
b) Al responsable de protección de datos.
c) Al delegado de protección de datos.
d) A la autoridad administrativa competente en la materia.

**17. Los Estados miembros, las autoridades de control, el Comité y la Comisión promoverán, en particular a nivel de la Unión, la creación de mecanismos de certificación en materia de protección de datos y de sellos y marcas de protección de datos a fin de demostrar el cumplimiento de lo dispuesto en el RGPD en las operaciones de tratamiento de los responsables y los encargados. Según el artículo 42.7 del RGPD, la certificación se expedirá a un responsable o encargado de tratamiento por un período máximo de:**

a) 3 años.
b) 4 años.
c) 5 años.
d) 6 años.

**18. Conforme al artículo 43.2 del RGPD, los organismos de certificación únicamente serán acreditados si han demostrado, a satisfacción de la autoridad de control competente, su independencia y, en relación con el objeto de la certificación, su:**

a) Prestigio.
b) Pericia.
c) Experiencia.
d) Anonimato.

**19. Cómo se llama en el Esquema Nacional de Seguridad a la propiedad o característica consistente en que la información ni se pone a disposición, ni se revela a individuos, entidades o procesos no autorizados:**

a) Confidencialidad.
b) Intimidad.
c) Secreto profesional.
d) Integridad.

**20. Tan pronto como el responsable del tratamiento tenga conocimiento de que se ha producido una violación de la seguridad de los datos personales, el responsable debe notificar la violación de la seguridad de los datos personales a la autoridad de control competente, a menos que el responsable pueda demostrar, atendiendo al principio de responsabilidad proactiva, la improbabilidad de que la violación de la seguridad de los datos personales entrañe un riesgo para los derechos y las libertades de las personas físicas. La notificación deberá realizarse sin dilación indebida y, de ser posible, a más tardar:**

a) 24 horas después de que haya tenido constancia de ella.
b) 36 horas después de que haya tenido constancia de ella.
c) 48 horas después de que haya tenido constancia de ella.
d) 72 horas después de que haya tenido constancia de ella.

**21. Según el artículo 72.1 de la LO 3/2018, las infracciones que supongan una vulneración sustancial del deber de confidencialidad prescribirán:**

a) Al año.
b) A los dos años.
c) A los tres años.
d) A los cuatro años.

**22. Según el artículo 14.1.k) de la *Ley 19/2013, de 9 de diciembre, de transparencia, acceso a la información pública y buen gobierno*, cuando acceder a la información supone un perjuicio para la garantía de la confidencialidad:**

a) El derecho de acceso puede ser limitado.
b) El derecho de acceso debe ser limitado.
c) El derecho de acceso no puede ser limitado.
d) El derecho de acceso solo podrá ser limitado en caso de un interés público.

**23. Según el artículo 133 de la Ley 9/2017 de 8 de noviembre, de Contratos del Sector Público, el deber de confidencialidad del órgano de contratación así como de sus servicios dependientes:**

a) Podrá extenderse a toda la oferta del adjudicatario.
b) Podrá extenderse a todo el contenido de los informes y documentación que, en su caso, genere directa o indirectamente el órgano de contratación en el curso del procedimiento de licitación.

c) Únicamente podrá extenderse a documentos que tengan una difusión restringida.

d) Podrá impedir la divulgación pública de partes de los contratos celebrados, tales como, la liquidación, los plazos finales de ejecución de la obra o las empresas con las que se ha contratado y subcontratado.

**24. El contratista deberá respetar el carácter confidencial de aquella información a la que tenga acceso con ocasión de la ejecución del contrato a la que se le hubiese dado el referido carácter en los pliegos o en el contrato, o que por su propia naturaleza deba ser tratada como tal. Salvo que los pliegos o el contrato establezcan un plazo mayor que, en todo caso, deberá ser definido y limitado en el tiempo, este deber se mantendrá durante un plazo, desde el conocimiento de esa información, de:**

a) 3 años.
b) 5 años.
c) 6 años.
d) 10 años.

**25. ¿Cuál de las siguientes técnicas pretenden engañar al usuario y obtener sus claves mediante una llamada telefónica?**

a) phishing.
b) smishing.
c) Vishing.
d) Ninguna de las anteriores.

**26. ¿Qué nombre tiene el programa cuya única finalidad es consumir memoria del sistema?**

a) Gusano.
b) Troyano.
c) Bomba lógica.
d) Ninguna de las anteriores.

**27. ¿Cuál de las siguientes opciones NO es un tipo de bloqueo de sesión de Windows?**

a) Bloqueo dinámico.
b) Bloqueo sistemático.
c) Bloqueo por inactividad.
d) Bloqueo Manual.

**28. ¿Cuál es la longitud adecuada para una contraseña segura?**

a) Entre 1 y 5 caracteres.
b) Entre 5 y 8 caracteres.
c) Entre 8 y 10 caracteres.
d) Más de 10 caracteres.

**29. Los programas maliciosos que registran las pulsaciones de teclas de un usuario sin su consentimiento se denominan:**

a) Ataques de fuerza bruta.
b) Ataques de diccionario.
c) Man in the Middle.
d) Keyloggers.

# Solución al test n.º 4

**1.** a) El Esquema Nacional de Seguridad.

**2.** b) Confidencialidad.

**3.** d) Anule efectivamente la capacidad de la organización para desarrollar eficazmente sus funciones y competencias.

**4.** a) Interoperabilidad semántica.

**5.** c) Mediante convenio suscrito entre aquellas.

**6.** b) Aleatoriedad.

**7.** b) Documento de seguridad.

**8.** b) Nivel medio.

**9.** c) Menor de un año.

**10.** b) Semanalmente.

**11.** c) Deberá incluir siempre las medidas que es necesario adoptar para el transporte de soportes y documentos.

**12.** d) La reducción de forma apreciable de la capacidad de la organización para atender eficazmente con sus obligaciones corrientes, aunque estas sigan desempeñándose.

**13.** c) Reevaluación periódica.

**14.** b) Prevención, detección, respuesta y conservación.

**15.** c) Una evaluación del impacto de las operaciones de tratamiento en la protección de datos personales.

**16.** b) Al responsable de protección de datos.

**17.** a) 3 años.

**18.** b) Pericia.

**19.** a) Confidencialidad.

**20.** d) 72 horas después de que haya tenido constancia de ella.

**21.** c) A los tres años.

**22.** a) El derecho de acceso puede ser limitado.

**23.** c) Únicamente podrá extenderse a documentos que tengan una difusión restringida.

**24.** b) 5 años.

**25.** c) Vishing.

**26.** a) Gusano.

**27.** b) Bloqueo manual.

**28.** c) Entre 8 y 10 caracteres.

**29.** d) Keyloggers.

# Cómo acceder al Curso

## Auxiliar Administrativo/a
**Test del temario**

El uso de los códigos **es exclusivo de los compradores de los productos de Editorial MAD**. Cada producto posee un código único y de un solo uso. Es personal e intransferible y da acceso a servicios y contenidos adicionales. Editorial MAD se reserva el derecho de hacer cuantas comprobaciones sean necesarias para identificar al legítimo poseedor del código y dejar de dar servicio a quien haga uso fraudulento del mismo, además de emprender cuantas acciones legales estime oportunas según la legislación vigente.

Deberás acceder a:

mad.es/registro-campus

Si una vez aceptadas las condiciones de uso del Campus decides hacer uso del mismo, necesitarás del siguiente código de acceso junto con los códigos del resto de títulos que se exigen (si fuera el caso):

AUXWMIVBG2